Atrápame ese mono

Sección: Literatura

Otras obras de Gerald Durrell en Alianza Editorial:

AT 20 *Mi familia y otros animales*
AT 62 *Bichos y demás parientes*
AT 82 *El jardín de los dioses*
LB 859 *Encuentros con animales*

Gerald Durrell:
Atrápame ese mono

BIBLIOTECA FUNDAMENTAL DE NUESTRO TIEMPO

ALIANZA EDITORIAL

CLUB INTERNACIONAL DEL LIBRO
S. A. DE PROMOCION Y EDICIONES

Título original: *Catch Me a Colobus*
Traductor: Fernando Santos Fontenla

Primera edición en «El Libro de Bolsillo»: 1982
Segunda edición en «Biblioteca Fundamental
de Nuestro Tiempo»: 1984

Calle Milán, 38; ☎ 200 00 45
Distribuidor exclusivo de la colección
"Biblioteca Fundamental de Nuestro Tiempo":
Club Internacional del Libro
S. A. de Promoción y Ediciones
C/ Marqués de Monteagudo, 18
ISBN: 84-206-9226-3
Depósito legal: M. 27.281-1984
Impreso en: Gráf. FUTURA, Sdad. Coop. Ltda.
Polígono Ind. Cobo Calleja.
FUENLABRADA (Madrid).
Encuadernado por: Larmor, S. A.
Printed in Spain

Dedico este libro a cuatro leales subordinados míos, cuya dura labor, dedicación y buen ánimo (incluso en momentos sombríos y melancólicos) de tanto me han servido. Sin su firme respaldo, poco o nada podría haber logrado yo. Se trata de Catha Weller, Betty Boizard, Jeremy Mallinson, John (Shep) Mallet y John Hartley (John el Largo).

Nota del autor

Como los incidentes narrados en este libro abarcan un período de unos siete años, y he tenido que hacer muchos recortes y adiciones, algunos de ellos no aparecen en el orden exacto en que ocurrieron. Así se ha hecho con el exclusivo propósito de que la narración sea más fluida, de modo que si alguno de mis lectores observa que hay cosas que no mantienen necesariamente una secuencia, comprenderán por qué.

Mi agradecimiento a Messrs. Rupert Davies por haberme concedido permiso para utilizar el extracto de *Mansión para Animales*, que figura en las páginas 16 y 17.

A lavarse tocan

Estimado señor Durrell:

Muchas veces se me ha ocurrido que las bolsas de los canguros...

Cuando vuelvo de una expedición al extranjero siempre me siento muy contento de volver a ver el zoo: las jaulas nuevas, construidas durante mi ausencia a partir de lo que antes no eran más que planos, los nuevos animales que han llegado, los animales que han tenido crías, los gritos discordantes de alegría de los chimpancés, y los gruñidos y otros ruidos de animales que lo reconocen a uno y se alegran de verlo de regreso. En general, es una vuelta a casa muy agradable y tonificante.

Pero esta vez llegaba yo de un viaje bastante largo por Australia, Nueva Zelanda y Malaya, y a mi regreso me encontré, con gran consternación, con que mi precioso zoo tenía un aire descuidado y cochambroso. No sólo eso, sino que poco después averigüé que estaba casi en quiebra. Después de todo el trabajo y el dinero que había invertido en él, aquello era como una coz en el plexo solar. En lugar de poder dedicarme a descansar tras un viaje que había resultado bastante frenético, tuve que dedicarme a toda velocidad a ver qué podía hacer para salvar el zoo.

Naturalmente, lo primero que hice fue encargarme yo mismo de la gestión de la casa, y después ofrecer el empleo de subdirector a Jeremy Mallinson, que trabajaba en el zoo desde el principio. Sabía lo inmensamente íntegro que era y cuánto cariño les tenía a los animales que se le encargaban. Además, había trabajado en todas las secciones del zoo, y por consiguiente estaba al tanto de todos los problemas que teníamos. Para infinito alivio mío aceptó el puesto. Después celebré una reunión con todos los demás jefes de sección y les expliqué la situación. Dije que era más que probable que se hubiera de cerrar el zoo, pero que si estaban dispuestos a seguir conmigo y a trabajar todas las horas del mundo por una miseria, quizá pudiéramos salir del atolladero. Para eterno crédito suyo, todos lo aceptaron. Así sabía, por lo menos, que los animales no sufrirían y estarían bien atendidos.

Mi siguiente tarea consistía en tratar de encontrar una buena secretaria administrativa. Y no era tan fácil como parece. Puse un anuncio, y en él especifiqué que era indispensable tener conocimientos de taquigrafía, mecanografía y, lo más importante de todo, de contabilidad. Me encontré, un tanto sorprendido, con que solicitaba el puesto un montón de personas. Al irlas entrevistando me di cuenta de que la mitad de ellas ignoraban que dos y dos son cuatro, y muy pocas sabían siquiera cómo era una máquina de escribir. Un muchacho llegó incluso a decir que había solicitado el puesto porque creía que podía ir aprendiendo sobre la marcha. Tras entrevistar como a veinte de aquellos cretinos empecé a perder esperanzas. Y entonces llegó una tal Catha Weller. Entró pimpante a la entrevista en mi despacho, diminuta, rotunda, con unos ojos verdes chispeantes y una sonrisa encantadora. Explicó que a su marido lo acababan de trasladar a Jersey y ella había tenido que dimitir de su empleo en Londres, en el que llevaba 17 años. Sí, sabía contabilidad, taquigrafía y mecanografía, todo. Miré a Jacquie y Jacquie me miró a mí. Ambos sabíamos instintivamente que se había producido el milagro: habíamos encontrado exactamente lo que necesitábamos. De modo que al cabo de unos días allí estaba instalada Catha Weller, tratando de poner algún orden en aquel caos de contabilidad que se había acumulado durante mi ausencia en el extranjero.

En aquel momento, el zoo tenía dos deudas: una de 20.000 libras esterlinas, que era la suma que había pedido prestada y que se había utilizado para las obras iniciales, y un descubierto y acreedores locales por un total de 14.000 libras más. Naturalmente, el siguiente problema era el dificilísimo de conseguir fondos suficientes para mantener al zoo en marcha de modo que pudiera sobrevivir. Esto me llevó un tiempo considerable. Durante todo este tiempo, como Jeremy era nuevo en el puesto, tenía que venir a verme a cada momento para consultarme diversos problemas de los animales, y Catha para preguntarme sobre diversas cuestiones financieras, en las que no tenía experiencia, y todo ello, combinado con la preocupación de tratar de imaginarme un medio de salvar al zoo, me llevó a la más profunda de las depresiones. De modo que, pese a mis protestas, Jacquie pidió a nuestro médico que viniese a verme.

—Pero si no estoy enfermo —protesté—. Son preocupaciones y nada más. ¿No me puedes poner alguna inyección para que pueda seguir trabajando?

—Voy a hacer algo mejor que eso —dijo Mike—. Te voy a dar unas pastillas para que te las tomes.

De forma que me recetó un frasco de unas pildoritas de aspecto bastante repulsivo, con la orden de que me tomara una al día. Poco sabíamos él y yo que estaba haciendo un gesto importantísimo en pro de la salvación del zoo.

Por otra parte, dos de nuestros amigos mejores y más antiguos de la isla son Hope y Jimmy Platt. Jimmy pasaba la mayor parte del tiempo en Londres, pero

Hope era una visitante asidua del zoo, y muchas veces se presentaba en casa a tomar una copa. Un día, por casualidad, llegó cuando yo, por mero error, me había tomado dos de mis tranquilizantes en lugar de uno. El resultado era que tenía el aspecto y la voz de alguien totalmente borracho. Hope es una mujer alta y de aspecto formidable, y me miró ceñuda cuando avancé a trompicones a saludarla.

—¿Qué te pasa? —preguntó con toda la autoridad de sus 90 kilos—. ¿Has estado empinando el codo?

—No —repliqué—. Ojalá fuera eso. Son estos malditos tranquilizantes. Me he tomado dos, en lugar de uno.

—¿Tranquilizantes? —preguntó Hope incrédula—. Y, ¿para qué diablos estás tomando tranquilizantes?

—Siéntate que te ponga una copa y te contaré toda la historia —le dije.

De manera que la siguiente hora la pasé contándole a Hope mi triste historia. Al final irguió toda su humanidad de la silla y se dispuso a marcharse.

—Tenemos que terminar con esto —dijo con tono firme—. No voy a permitir que empieces a tomar tranquilizantes a tu edad. Voy a hablar de esto con Jimmy.

—Pero no veo por qué tiene que preocuparse Jimmy... —empecé a decir.

—Escucha, que yo podría ser tu madre —dijo Hope—. Voy a hablar del asunto con Jimmy.

Y lo hizo. Lo siguiente fue un telefonazo de Jimmy. ¿Tendría yo la amabilidad de ir a verlo para explicarle las cosas? De manera que fui a verlo y le expliqué cómo, al principio, había planeado que cuando el zoo alcanzase la autonomía económica, yo lo convertiría en una Fundación, pero que era imposible iniciar una Fundación con una deuda tan enorme. Jimmy estaba plenamente de acuerdo y se quedó sentado pensativo unos momentos.

—Bueno, pues no se puede hacer más que una cosa —dijo por fin—, y es hacer un llamamiento al público. Para empezar, te voy a dar 2.000 libras para que salgas de tus dificultades inmediatas, y además voy a aportar otras 2.000 libras al llamamiento, para alentar a más gente. Si tiene éxito, podemos volver a pensar las cosas.

El decir que me sentí abrumado sería pecar por defecto, y volví al zoo como en sueños. Parecía verdaderamente que había una posibilidad de salvarlo.

El hacer un llamamiento al público no es tan fácil como parece. Y no todos los llamamientos tienen éxito forzosamente. Pero en este caso, nuestro periódico local, el *Evening Post,* que siempre había sido aliado nuestro, nos publicó unos artículos maravillosos sobre lo que ya habíamos hecho y explicó lo que nos proponíamos para el futuro. Se hizo el llamamiento y en lo que nos pareció un plazo milagrosamente breve ya teníamos reunidas 12.000 libras. Creo que los dos donativos que más me emocionaron fueron el de un niño, que envió cinco chelines, que debían ser su «paga» de la semana, y el de cinco libras del personal del zoo de Jersey. Aquel dinero constituiría el fondo de operaciones de la Fundación, y por lo tanto no podía utilizarse para todas las tareas fundamentales que era preciso realizar en el propio zoo.

Entonces llegamos a la segunda parte de la estratagema de Jimmy. El y yo estábamos de acuerdo en que no podía establecerse la Fundación hasta que se eliminara el problema del préstamo original. Entonces podría iniciarse la Fundación con las 12.000 libras de que disponíamos, lo que sería un buen principio, aunque todavía no suficiente para que se pudieran reconstruir sectores ni hacer ampliaciones. De modo que yo, personalmente, me comprometí a devolver las 20.000 libras al banco, que cada vez estaba más intranquilo, y a traspasar el zoo y su contenido a la Fundación. Así se hizo y nació la Fundación de Jersey de Conservación de la Fauna, que se hizo cargo del zoo oficialmente, conmigo como Director Honorario de la Fundación y del zoo. Para el Consejo de Administración escogimos a un grupo de personas activas y simpatizantes con nuestros objetivos, y nos sentimos encantados cuando Lord Jersey aceptó convertirse en nuestro presidente.

Como emblema elegimos al dodo, aquel pájaro torpón parecido a una paloma grandota que habitaba antiguamente en Mauricio y que se exterminó a gran velocidad en cuanto se descubrió la isla. Considerábamos que simbolizaba la forma en que se puede eliminar a una especie de la faz de la tierra en un lapso de tiempo notablemente breve debido a la necedad y la codicia del hombre.

Pero todavía no habían terminado nuestras dificultades. Las cosas seguían estando problemáticas, y yo seguía viviendo a base de tranquilizantes, aunque eso no lo sabía Hope Platt. Pues, al mismo tiempo que pasaba todo eso, estaba tratando de escribir un libro. Se trata de una tarea que aborrezco incluso cuando las cosas van muy bien, pero ahora era algo imperativo, pues necesitaba las 20.000 libras para devolvérselas al banco, y la única forma que tenía de ganar aquel dinero era escribiendo.

El libro se llamó *Mansión para Animales*, y en él explicaba yo por qué había querido, primero, tener un zoo, y por qué quería que con el tiempo el zoo se convirtiera en una Fundación. Creo que no puedo hacer nada mejor que citar ahora lo que escribí entonces:

«No quería un zoo sencillo y como todos, con las colecciones acostumbradas de animales: la idea en que se basaba mi zoo era la de ayudar a conservar la fauna. Por todo el mundo se está exterminando a diversas especies, o se las está reduciendo a meros recuerdos de sus anteriores dimensiones numéricas, debido a la difusión de la civilización. Muchas de las especies mayores tienen un valor comercial o turístico, y debido a ello son las que más atención reciben. Pero repartidas por todo el mundo hay huestes de pequeños mamíferos fascinantes, de aves y reptiles, a cuya conservación se presta una atención escasísima, porque no son comestibles ni transformables en ropa, y de muy poco interés para el turista, que exige leones y rinocerontes. Muchos de esos animales viven en islas, y por lo tanto tienen un hábitat reducido. A la menor injerencia en él, desaparecen para siempre. La introducción por descuido de ratas, por ejemplo, o de cerdos puede destruir una de esas especies insulares en un año. La respuesta obvia a este problema es encargarse de que el animal esté bien protegido en estado silvestre, de modo que no se extinga, pero muchas veces esto resulta más difícil de lo que parece. Sin embargo, al mismo tiempo que se insiste en esa protección, se puede adoptar otra precaución, que consiste en ir formando, en circunstancias controladas, reservas de esos animales para que puedan reproducirse en parques o zoos, de modo que, en caso de que ocurra lo peor y la especie se extinga en estado silvestre, por lo menos no haya desaparecido para siempre. Además, se dispone de reservas reproductoras de las que se puede extraer a los animales sobrantes para reintroducirlos en sus hogares de origen en algún momento del futuro. Esta, según he creído siempre yo, debería ser la principal función de todo zoo, pero hasta hace poco la mayoría de los zoos no lo ha reconocido, ni ha intentado hacer nada al respecto. Y yo quería que ésta fuera la principal función de mi zoo».

Los problemas de crear la Fundación eran mayores y más complicados de lo que yo había previsto. Iban desde el precio de la suscripción que debíamos cobrarle a los socios —no tan cuantiosa que la gente no pudiera permitirse el *hacerse* socio, ni tan módica que no nos valiera de nada—, hasta detalles como qué folletos publicar para explicar nuestros objetivos y nuestras metas, y la forma de distribuir esos folletos. En todos estos años he recibido muchísimas cartas relativas a mis libros, y todas ellas habían recibido respuestas, de las que se habían conservado copias. De manera que ahora escribimos una circular a toda aquella gente, con un folleto y un formulario de inscripción y, para gran contento mío, la inmensa mayoría de los corresponsales se hicieron inmediatamente socios de la Fundación. Cuando se publicó el nuevo libro, *Mansión para Animales,* resultó un éxito (afortunadamente para mí), y en él pedía a los lectores que se hicieran socios de la Fundación. Así adquirimos otro montón de socios. Ya teníamos 750 socios de la Fundación esparcidos por todas partes del mundo. Resultaba especialmente alentador pensar que había gente en países tan distantes como Australia, Sudáfrica y los Estados Unidos que apoyaban un proyecto que quizá nunca llegarán a ver por sus propios ojos.

En aquella época estábamos trabajando sin parar, pues aunque las cosas estaban todavía bastante en el aire, por lo menos podíamos advertir, en el lejano horizonte, algunos indicios de éxito. El decir que acabábamos agotados todos los días es poco. Por entonces empecé a recibir una serie de llamadas telefónicas, y en general llegaban en los momentos más irritantes. Por ejemplo, una vez, cuando estaba comiendo, me llamaron al teléfono, a una conferencia con una mujer de Torquay cuya tortuga acababa de desovar. Quería saber lo que tenía que hacer con los huevos. Otra vez, una mujer preguntó cómo había que cortarle las uñas a su periquito australiano. Pero la llamada telefónica que acabó de decidirnos fue una que me hicieron a las 11 de la noche cuando estaba yo adormilado frente a la chimenea. Era una conferencia que venía del norte: un tal Lord McDougall quería hablar conmigo. Convencido, en mi inocencia, de que quizá fuera a donar una suma elevada de dinero a la Fundación, dije a la telefonista que me lo pasara. Cuando se puso al teléfono resultó inmediatamente obvio que su señoría había bebido bien, pero en cantidades excesivas.

—¿Esh ushted Durrell? —preguntó.

—Sí —dije.

—Ah —contestó—. Puesh esh ushted la única pershona de Inglaterra que me puede ayu-yudar. Tengo un pácaro.

Suspiré mentalmente. Seguro que iba a ser otro periquito australiano, pensé.

—Tengo... una flota de barcosh —dijo, enunciando con muchas dificultades— y a uno de mish capitanesh she le metió eshte... pácaro a bordo y me lo acaba de traer. Lo que yo quiero shaber esh shi quiere ushted ayudarme con él.

—Bueno, pero, ¿qué clase de pájaro es? —pregunté.

—Esh un pacarito muy bonito.

Como descripción zoológica aquello dejaba mucho que desear.

—Lo que querría saber es qué tamaño tiene, y qué forma.

—Bueno, puesh... esh un pacarito pequeñito, medio grish, medio pardo, con la pechuga como amarilla —dijo—. Tiene unash patitash pequeñitas... *muy* pe-pequeñitash... *Ashombroshamente* pe-pequeñitash.

—Entonces debe ser un aguzanieves —dije—. Es muy frecuente que se metan en barcos.

—Inmediatamente contrato un tre-tren y she lo mando a ushted shi cree que pu-puede shalvarlo —dijo su señoría en plan derrochador.

Le expliqué con todo género de detalles que eso no le valdría de nada. Esos pajaritos pasan casi toda su vida en el mar y se alimentan de animalillos diminutos, de forma que resulta casi imposible mantenerlos en cautividad. En todo caso, aunque me lo enviara, para el momento en que llegara era casi seguro que habría muerto.

—Yo no reparo en gashtosh —dijo su señoría.

—En aquel momento le arrancaron el teléfono de la mano y una joven cuya voz revelaba que pertenecía a la nobleza rural dijo:

—¿Señor Durrell?

—Sí —contesté.

—Mis excusas por Papá —dijo ella—, pero me temo que no está muy bien. Por favor, no le haga caso.

Ahora le quitaron el teléfono a ella y volvió a hablar su señoría:

—Eshtoy dishpu-puesto a hacer lo que shea —dijo—. Un coche rápido, un avión, lo que shea para que le llegue el pacarito.

—Si es que me temo que aunque me llegue no voy a poder hacer nada por él —respondí.

—Bueno, le paso a ushted a mi capitán; él eshtá al tanto de todo —replicó su señoría.

Se puso al teléfono una ronca voz escocesa.

—Muy buenas tardes, señor Durrell.

—Buenas tardes —dije yo.

—¿Dice usted que cree que el pájaro es un aguzanieves? —preguntó el capitán.

—Sí —dije—. Estoy casi seguro. Pero, en todo caso, lo único que se puede hacer por él es tenerlo bien caliente en un sitio oscuro y mañana que se lo lleve uno de sus barcos. En cuanto hayan salido al mar lo que les parezca necesario —digamos dos o tres millas—, entonces pueden soltarlo.

—Ya entiendo —dijo—. Perdónenos usted por haberlo molestado a esta hora de la noche, pero su señoría insistió.

—Sí, eh..., claro —dije—. Entiendo las circunstancias.

—Es que su señoría, ¿sabe usted? —continuó aquella voz escocesa— es una persona muy amable y le gustan muchísimo los pájaros, pero esta noche no está muy bien.

—Así me ha parecido —dije—. Ojalá estuviera yo en el mismo estado.

—Ejem... Sí, señor —dijo el capitán—. Bueno, pues creo que entonces, señor mío, ejem, buenas noches.

—Buenas noches —dije, y colgué el teléfono.

—Y ¿qué diablo era todo eso? —preguntó Jacquie.

—Un lord borracho que quería enviarme un aguzanieves —expliqué, repantigándome en mi butaca.

—¡Bueno! —dijo enfadada—, esto no puede seguir así. Tenemos que conseguirnos un número que no esté en la guía.

Así lo hicimos, y desde entonces aquella serie de extraordinarias llamadas no se ha vuelto a repetir, afortunadamente.

A la mañana siguiente le relaté lo ocurrido a Catha, que lo consideró muy divertido, aunque se compadeció de mí.

—¿Le han contado lo de Jeremy con el topo? —preguntó.

—No —dije—. No me han dicho nada. ¿Qué ha pasado?

Parece que Jeremy salía con el camión del zoo del pabellón de los mamíferos, y al pasar por entre los dos grandes arcos que custodian el patio, para sacar la basura después de la limpieza del día, cuando llegó al segundo arco vio que por la grava se arrastraba un topo. Inmediatamente echó el freno, se apeó del camión y se acercó al topo, con la idea de llevárselo a un prado de al lado, donde estaría a salvo. Cuando se le acercó más descubrió que el topo no sólo estaba muerto, sino que estaba atado a un cordel del que alguien tiraba lentamente por la gravilla. Cuando siguió la cuerda para descubrir el misterio, se encontró con que al otro extremo estaba todo el personal de la sección de aves, que tiraba lentamente. El bromista era Shep Mallett (apodado Shep, ahora, porque cuando llegó su primer apodo fue Shepton Mallet). Hacía algún tiempo que no le gastaba bromas de ese tipo a nadie, y a mí me pareció que aquello era buena señal. Significaba que el aire de pesimismo y desgana, que había encontrado tan difundido a mi regreso, había desaparecido y lo estaban reemplazando la esperanza y el entusiasmo.

Pero en aquellos momentos, aunque la esperanza y el entusiasmo eran algo vitalmente necesario, había que respaldarlos con dinero suficiente. Lo que necesitábamos era dinero contante y sonante para reconstruir unas jaulas que ya tenían cinco años, y además no para reconstruirlas al azar, sino conforme a un plan general. Parecía como si todos los días hubiera que apuntalar jaulas, cuando en realidad habría hecho falta destruirlas y hacer otras nuevas. Esto no importaba tanto por lo que respectaba a las aves y los animales más pequeños, pero en cuanto a los animales mayores y más peligrosos, el problema era grave. Pese a la ayuda que había recibido yo de Hope y Jimmy para crear la Fundación, seguíamos teniendo una escasez desesperante de dinero, y en especial de dinero para hacerles unas jaulas satisfactorias a los animales que podían ser mortíferos si se escapaban. Así me lo revelaron fehacientemente unos acontecimientos que se sucedieron en una serie alarmantemente rápida.

En el extremo del pabellón de los mamíferos, donde estaban alojados los gorilas, habíamos puesto una cajita para recibir donativos, y encima habíamos colocado un cartel en el que especificábamos los objetivos y los fines de la Fundación, con la esperanza de que los miembros mejor dispuestos del público aportaran sus contribuciones. Y con el tiempo así lo hicieron. Un día, a la hora de comer, cuando por casualidad no había nadie por allí, fui al pabellón de los mamíferos a ver cómo estaba una tití que parecía preñada. Con gran alarma vi que la jaula de los orangutanes estaba abierta, con la puerta sostenida sólo a medias de las bisagras. Fui corriendo allí y con gran alivio vi que los dos orangutanes estaban sentados dentro de la jaula, aunque Oscar, el mayor de los dos, debía haber encontrado algún tipo de instrumento para abrir la puerta. Después de eso, se había dedicado a explorar el pabellón de los mamíferos. Lo único interesante que había encontrado que pudiera arrancar con facilidad y llevarse consigo como recuerdo era la caja de donativos a la Fundación de Jersey para la Conservación de la Fauna. En cuanto descubrió que la caja hacía ruido, se puso a sacudirla con todas sus fuerzas. Cuando vio que las monedas no salían por la ranura, descubrió en seguida que tenía una puertecilla por detrás y la abrió a tirones. Cuando llegué yo allí estaba sentado sobre una pila de monedas de media corona, de seis peniques y de penique. Se irritó mucho conmigo cuando entré en la jaula, agarré la caja y recogí el dinero. Yo no sabía exactamente cuánto dinero había contenido para empezar, de modo que resultó un tanto difícil, pero estaba seguro, de que tenía que quedar algo escondido entre la paja, sin que yo lo viera. Entonces miré a Oscar y vi que tenía la cara hinchada y un aspecto más mofletudo que de costumbre.

—Oscar —dije en tono severo—. Te has guardado algo en la boca. Dámelo.

Alargué la mano y, de muy mala gana, escupió cinco medias coronas y unas cuatro monedas de a seis peniques.

—¿Me lo has dado todo? —pregunté.

Se quedó sentado, mirándome con sus ojillos almendrados. Volví a meter el dinero en la caja, salí de la jaula e hice una reparación provisional de la puerta. Después, justo cuando estaba yo a punto de marcharme a decir al encargado del mantenimiento que hacía falta reparar bien la puerta, Oscar me escupió desafiante un penique.

Pero el incidente que nos hizo apreciar de verdad la importancia de conseguir jaulas nuevas para los monos lo antes posible ocurrió cuando se escaparon los chimpancés. Era el día de Navidad, y habíamos invitado a Catha y a Sam, su marido, a venir a casa para la comida navideña. Ese es el único día que cierra el zoo, y tuvimos la enorme suerte de que todo el personal estuviera todavía en el zoo y no se hubiera dispersado, cada uno a su comida de Navidad. Nuestro pavo estaba ya a punto, la salsa de castañas olía maravillosamente, y todas las verduras estaban listas a la una menos cuarto cuando se abrió la puerta de golpe y entró corriendo uno de los guardianes gritando:

—¡Sr. D., Sr. D., se han escapado los chimpancés!

Yo tenía a Cholmondley (o Chumley, como lo solíamos llamar más bien) desde que era un bebé chiquitito, pero incluso entonces, una vez que se puso desobediente y mi madre trató de pararlo, le había dado un mordisco en un brazo que requirió diecisiete puntos. Ahora era casi tan alto y pesaba casi tanto como yo, de manera que no tenía ninguna gana de meterme con él ni con Sheena, su pareja, que medía casi lo mismo que él.

—¿Dónde están? —pregunté.

—Acaban de salir al patio.

Fui corriendo al cuarto de estar, a mirar por la ventana. Allí estaba Chumley paseándose con Sheena, que le había pasado la mano afectuosamente por el hombro, de modo que tenían exactamente el mismo aspecto que una pareja de ancianos que se da un paseíto por el muelle de Bournemouth. Justo en aquel momento entró en el patio el coche de Catha y Sam, que se paró ante la puerta principal. Pareció que a Sheena esta nueva aparición le causó algún nerviosismo, pero Chumley la acogió con gritos de alborozo. Estaba muy familiarizado con los coches, pues había sido muchas veces pasajero mío cuando era pequeño, y le encantaba contemplar el paisaje y la circulación en torno a nosotros. Se acercó al coche, donde Catha y Sam habían subido las ventanillas prudentemente, y empezó a dar golpes en el cristal, con la esperanza de que Catha le abriese y le llevara a dar una vuelta. Pero Catha no hizo nada por el estilo.

Bajé corriendo las escaleras, le dije a Jacquie que cerrase la puerta con llave cuando saliera yo, cerré la puerta de mi despacho, abrí la que llevaba a las grandes oficinas principales y después abrí la puerta principal de un golpe. Cuando me vio Chumley dio varios gritos de saludo y empezó a avanzar hacia la casa. Yo salí corriendo por la oficina y abrí la puerta que llevaba a un corredor que, a su vez, llevaba a la escalera que ascendía hasta el local del personal y a la gran cocina en la que se atendía a las necesidades de nuestro café. Consideré que si podíamos atraer allí a los chimpancés, de una forma u otra lograríamos atraparlos. Después salí de la casa, le di la vuelta por detrás, volví a entrar por la puerta trasera y me puse a mirar por la rendija de las puertas que llevaban a las oficinas.

Chumley había decidido que no estaría mal pasar un rato conmigo y desearme Felices Pascuas, de forma que estaba entrando por la puerta principal, seguido por Sheena. No podían ir a ningún sitio más que a la oficina principal, y así lo hicieron. Fue tarea de un momento cerrarles las puertas correderas, pero yo esperaba que volvieran al corredor trasero lo antes posible, porque en la oficina estaban todos los archivos, y les bastaba con muy poco tiempo para infligir daños de consideración. Para alivio mío, cuando Chumley vio que no había nadie en la oficina, hizo precisamente lo que yo deseaba. Pero cuando entró en el corredor de atrás tenía que optar entre recorrerlo y llegar a la gran cocina o subir a las habitaciones del personal. Chumley sabía muy bien lo que eran unas escaleras, porque cuando él era pequeño nuestro piso estaba a varios tramos de la calle, y pensó que este tramo podía llevarlo a donde estaba yo. De manera que se puso a subir, seguido por una Sheena un tanto titubeante. Por suerte, todas las puertas de los dormitorios del personal estaba cerradas, salvo una, y naturalmente los chimpancés se dirigieron a esa.

Les seguimos a una respetuosa distancia, y cuando estuvieron a salvo en el dormitorio, les cerramos la puerta con llave. Después salimos, sacamos unas escaleras de mano y subimos hasta las ventanas del dormitorio a ver qué pasaba. Chumley había descubierto, con gran regocijo, que en la habitación había un lavabo y una pastilla de jabón. Había abierto los dos grifos a tope y estaba ocupadísimo en lavarse las manos, cosa que le gustaba mucho desde que era pequeño. Sheena, en cambio estaba dando saltos en la cama, con una almohada apretada contra el pecho. Después vio que si le hincaba las uñas y tiraba fuerte, era facilísimo romper la almohada, con el resultado maravilloso de que salían plumas volando por todas partes. De forma que rompió las dos almohadas y parecía que estuviera nevando en el dormitorio. Un montón de plumas fue bajando hasta asentarse en el lavabo, de modo que éste quedó taponado. El lavabo empezó a llenarse y después a rebosar, porque a Chumley ya había dejado de interesarle, y él y Sheena se dedicaron a despanzurrar la cama de forma muy metódica. Cuando llegaron al colchón vieron que también éste se podía despanzurrar, y su contenido se podía esparcir por todo el dormitorio. Ahora éste no estaba lleno sólo de plumas, sino de pedazos de gomaespuma, pelo de caballo, etc. Celebré una conferencia apresurada con Jeremy. Teníamos una jaula lo bastante fuerte y grande para meter en ella a los dos chimpancés, pero era de acero macizo y para levantarla harían falta seis personas, y yo dudaba que, de hecho, pudiéramos subirla por las escaleras hasta los dormitorios del personal.

—Lo único que se puede hacer es intentar que bajen otra vez —dijo Jeremy—. Si podemos lograr que salgan por el corredor hasta aquel extremo, donde están las dos puertas, podemos atraparlos entre ellas y después ir poniendo la jaula en su sitio.

Volvimos a subir por las escaleras de mano para mirar. Ahora, Chumley había encontrado una percha y había logrado romper un espejo con ella. Sheena estaba muy ocupada en destripar el colchón, con la misma atención con que un cirujano de fama mundial haría un trasplante de corazón.

—Si alguien abriese la puerta —comentó Jeremy—, podría entrar de un salto y encerrarse en el cuarto de baño. Ahí estaría a salvo. Y entonces, a lo mejor bajarían por su propia voluntad.

—Bueno, siempre podemos intentarlo —dije yo.

De manera que allí subió uno de los empleados y abrió la puerta del dormitorio en el que se estaban divirtiendo los chimpancés, después pasó corriendo por el corredor y se encerró en el baño. Los chimpancés, como ya sospechaba yo, lo estaban pasando demasiado bien como para marcharse de aquel sitio. Se limitaron a echar una mirada cuando se abrió la puerta, y cada uno regresó a sus actividades. Chumley, por su parte, estaba recogiendo todas las plumas que podía y tirándolas al aire, mientras que Sheena seguía ocupada en lo suyo y parecía que el colchón no iba a sobrevivir.

—Creo que ya no se puede hacer más que una cosa —dijo Jeremy—, y es utilizar la manguera.

Lo curioso era que, si bien a los dos chimpancés les gustaba el agua para beberla y para jugar con ella, no podían soportar que les tocara el cuerpo. Algunas noches, cuando se negaban a irse a su dormitorio, teníamos que amenazarlos con la manguera, y entonces se marchaban como corderitos. Pensamos que este método también nos podría dar resultado ahora. Trajimos solemnemente la manguera, la enchufamos al grifo de la cocina de los animales, y después rompimos uno de los cristales de la ventana para pasarla por el agujero. Luego pusimos el agua a toda presión y lanzamos el chorro dentro de la habitación. Los chimpancés levantaron la vista asombrados ante aquel ataque rastrero y después, cuando les llegó el chorro de agua, salieron chillando del dormitorio, bajaron las escaleras y llegaron al corredor. Ahí estaban esperando dos de los empleados del zoo. En cuanto los chimpancés llegaron al punto exacto, les cerraron las dos puertas del corredor y los dejaron bien atrapados en un sitio pequeño en el que no podían romper nada y del que no se podían escapar. Creo que en aquel momento todos nos sentimos aliviados, porque como los chimpancés son animales bastante histéricos y extrovertidos, se excitan en seguida, y cuando están demasiado excitados pueden atacarlo a uno. Para entonces tanto Sheena como Chumley estaban totalmente sobreexcitados, y no exagero.

Lo siguiente que teníamos que hacer era ir a buscar la jaula grande y encajarla en una de las puertas. Esto nos llevó mucho tiempo, porque hacía siglos que no se utilizaba la jaula, de modo que estaba tapada con montones de leña y otros materiales que se habían ido acumulando en el taller. Pero por fin logramos sacarla, y entre seis la llevamos hasta la puerta y la encajamos en ella. Levantamos la puerta corredera de la jaula y después abrimos cuidadosamente la puerta de casa. Allí estaban sentados los dos chimpancés, chorreando agua por todos los pelos y con caras claramente belicosas. Pasamos una hora tentándolos con todas las golosinas que pudimos imaginar para lograr que entrasen en la jaula, pero no había forma —ni siquiera con uvas, que no estaban de temporada— de hacer que se metieran en ella.

—¿Por qué no probamos con una serpiente? —pregunté, porque sabía que a Chumley le daban mucho miedo las serpientes.

—No, eso no serviría —dijo Jeremy—. Quizá diera resultado con Chumley que se echa a correr en cuanto ve una, pero no con Sheena; no le dan ningún miedo.

—Bueno, pues habrá que volver a la manguera—dije sombrío—. Sabe Dios cuántas cosas habremos echado a perder ya con el agua.

De manera que llevamos la manguera a la cocina y la enchufamos al grifo. Después fuimos a la otra puerta, la abrimos y lanzamos un chorro fuerte de agua a los dos chimpancés. Inmediatamente se metieron corriendo en la jaula, se cerró de un golpe la puerta corredera y volvieron a quedar presos y a seguro. Junto con Bert, nuestro jefe de mantenimiento, fuimos a la jaula de los chimpancés a ver cómo habían logrado escaparse, exactamente. La jaula tenía una tela metálica bien gruesa, de una resistencia más que suficiente para retenerlos, pero Chumley había descubierto un extremo suelto. Cuando se descubre el extremo suelto de una tela metálica, se puede deshacer ésta con igual facilidad que un tejido de lana, y eso era precisamente lo que había hecho él. De forma que Bert, que también había estado a punto de sentarse a su mesa de Navidad, se tuvo que poner a reparar la jaula. Al cabo de una hora o así, ya estaba lista para volver a acoger a los chimpancés. Y así, por fin, a las cuatro de la tarde teníamos a los chimpancés de regreso en su jaula y nos fuimos cada uno a nuestra comida de Navidad. Catha, Sam, Jacquie y yo nos sentamos ante un pavo carbonizado y unas verduras que parecía como si las hubiera pisoteado un elefante extraordinariamente grande, pero por lo menos, como compensación, nos bebimos un vino blanco muy fresquito.

2. No es más que Jeremy

Estimado señor Durrell:

Tengo diez años y creo que es usted el mejor zoólogo de las Islas Británicas (si no contamos a Peter Scotte). ¿Querría usted mandarme un autógrafo?

Al año siguiente las cosas iban mucho mejor y teníamos algo concreto que mostrar a cambio de nuestro trabajo. Catha trabajaba como una condenada para tener en orden las cuentas de la Fundación y del zoo y para controlar nuestro descubierto bancario, y también para controlarme a mí, porque tengo la costumbre de salirme del presupuesto sin pensarlo.

—¿No estaría bien tener unos flamencos? —exclamaba yo entusiasmado.

—Ah, sí; estupendo —decía Catha—. Y, ¿cuánto cuestan?

—Bueno, no son muy caros —respondía yo—. Aproximadamente unas 120 libras esterlinas cada uno, supongo.

Desaparecía del rostro de Catha su sonrisa alegre y

los ojos verdes adquirían de repente un brillo acerado.

—Sr. Durrell –preguntaba en tono meloso—, ¿sabe usted cuánto tenemos de descubierto en el banco?

—Ah, sí, claro —decía yo rápidamente—. No era más que una sugerencia.

Pero, a pesar de la renuencia de Catha a gastar dinero, sí que hicimos algunos progresos.

Con la ayuda de Jeremy y de John Mallet habíamos reorganizado completamente el zoo. Habíamos establecido un fichero que abarcaba a todos nuestros animales. Cada uno de ellos tenía tres fichas: una rosa, otra azul y otra blanca. La blanca era la biográfica, y contenía datos como los relativos a dónde se había obtenido el espécimen, en qué circunstancias había llegado, etc. La segunda, la rosa, era la ficha médica, y contenía un historial completo del estado de salud del animal y de las atenciones veterinarias que había recibido. La ficha azul era la relativa al comportamiento, y quizá fuera la más importante, porque en ella se anotaban cosas como los rituales de cortejo, los plazos de gestación, las maneras de señalar el territorio y muchas cosas más. También pusimos un gran Libro Mayor en el despacho de Jeremy, una especie de diario al que tenían acceso todos los empleados, de forma que podían anotar todas las cosas que les parecían interesantes de los animales a su cargo. Después, esos datos se pasaban a las fichas correspondientes. Así fue como logramos empezar a acumular un material fascinante. Verdaderamente, es asombroso lo poco que se sabe de los animales corrientes. Yo tengo una biblioteca bastante amplia de unos mil libros, pero si se consulta acerca de cosas muy sencillas, como por ejemplo el comportamiento durante el cortejo del animal que le interesa a uno, no se halla absolutamente mención alguna en ninguna parte.

Lo segundo que hicimos fue adoptar un nuevo sistema de alimentación. Yo había leído que el zoo de Basilea había elaborado una mezcla especial que se daba, además de la comida normal, a sus animales, y que no sólo había mejorado el estado de éstos, sino también su capacidad de reproducción. Según parece, se había descubierto que por muy bien que alimente uno a sus animales –y nosotros siempre les dábamos lo mejor que había–, siempre había minerales y diversas sustancias más que no obtenían en la alimentación y que eran indispensables para su bienestar. Aquel tipo de «pastilla» era el complemento. De forma que escribí al doctor Ernst Lang del zoo de Basilea, que tuvo la amabilidad de enviarme todos los detalles, y después celebramos una conferencia con el señor Le Marquand, el cocinero del zoo, que se encargó de prepararnos la pastilla. Cuando por fin la terminó resultó ser una pasta marrón de aspecto muy poco atractivo, y la contemplamos con una cierta sospecha. Sin embargo, le dije a Jeremy que la probase durante una semana a ver qué pasaba. En aquella época, Jeremy venía a menudo a verme a casa para consultarme sobre diversas cuestiones. Sonaba una llamada a la puerta, se abría ésta, aparecía la cabeza de Jeremy y decía:

—Ejem, no es más que Jeremy.

Y después pasaba a la sala donde estaba trabajando yo, para hablar del problema que hubiese traído el día. Tras una semana de probar el nuevo régimen, llegó la conocida llamada a la puerta y una voz dijo:

—Ejem, no es más que Jeremy.

Entró y se quedó en pie, con su expresión de preocupación, junto a la puerta de la sala. Jeremy es muy alto, tiene el pelo del color del maíz maduro, una nariz como la del Duque de Wellington y unos ojos muy azules que, cuando está preocupado, tienden a bizquear. Ahora estaba bizqueando, de modo que, evidentemente, algo andaba mal.

—¿Qué problema hay? —pregunté.

—Bueno, es esa mezcla nueva de la pastilla —contestó—. Parece que ejem, que a los animales no les gusta. Algunos de los monos chicos se han comido algo, creo que más por curiosidad que otra cosa, pero los demás ni la prueban.

—¿Y los monos grandes? —pregunté.

—No, ésos ni la tocan —dijo Jeremy sombrío—. Lo

he intentado de todas las formas posibles, hasta se la he puesto en la leche, y siguen sin tocarla.

—¿Has probado a dejarlos sin comer? —pregunté.

—No —respondió Jeremy con un cierto aire de culpabilidad—. De hecho, eso no lo he intentado.

—Pues vamos a probarlo —sugerí—. Mañana déjalos sin nada que comer más que la leche, y no les des más que la pastilla. A ver si eso tiene algún efecto.

Al día siguiente sonó la llamada de siempre a la puerta, con el «ejem no es más que Jeremy» de costumbre. Jeremy volvió a aparecer en la puerta de la sala.

—Son los monos —dijo—. Los hemos dejado sin comer y no les hemos dado más que la leche y la pastilla. Pero no se la quieren comer. Así que, ¿qué vamos a hacer ahora?

Yo me sentía tan sorprendido como él. Aquella pastilla era la que le daban a todos los animales del zoo de Basilea, y se la comían de muy buen grado. Evidentemente, algo le faltaba a nuestra pastilla para que tuviera mejor sabor. Llamamos al señor Le Marquand para pedirle su opinión.

—¿Qué cree usted podríamos añadirle para que resultara más atractiva?—, le preguntamos.

Se quedó un rato pensando en el problema y luego nos ofreció una sugerencia brillante.

—¿Qué les parece añadir anís en semillas? —preguntó—. Es completamente inocuo y parece que a todos los animales les gusta el sabor.

—Bien —dije—, no puede hacer ningún daño. ¿Querrá usted prepararnos algo con el anís y en la mezcla?

—Sí —contestó, y enseguida nos trajo una pastilla que olía muy fuerte a anís.

En cuanto se introdujo esto en las jaulas, todos los animales se volvieron locos por la pastilla. De hecho, hoy día se comen la pastilla con más gusto que incluso sus alimentos favoritos. En consecuencia, su estado ha mejorado enormemente, igual que su capacidad de reproducción. En el plazo de un año desde que introdujimos la pastilla en la dieta logramos que se reprodujeran doce especies de mamíferos y diez de aves, y nos sentíamos muy orgullosos de nosotros mismos.

Creo que el nacimiento más importante de aquel año, y el que más preocupaciones nos causó, fue el de nuestro tapir sudamericano. Yo había capturado a su padre, Claudio, en un viaje a la Argentina, y hubo épocas en que nos había causado muchos problemas cuando se escapó del zoo, se comió todas las plantas del jardín de un amigo, arrasó con las campanas de vidrio del huerto de nuestro vecino más próximo y muchas hazañas más por el estilo. Pero ahora, desde que le habíamos encontrado una pareja a la que habíamos dado el nombre de Claudette, se había asentado y era un animal regordete y tranquilo. Los tapires se parecen un poco a los ponies de Shetland, pero más afinados y marrones, y tienen unas narices largas y caídas que recuerdan vagamente a la trompa de un elefante. En general, son animales pacíficos y amistosos. En cuanto Claudette alcanzó la edad adecuada se produjo el apareamiento, y en sus fichas de comportamiento se habían anotado cuidadosamente todas las veces que se apareaban. Entonces fue cuando descubrimos lo valiosas que eran las fichas, porque en cuanto Claudette empezó a dar muestras de estar preñada, pudimos consultar la fecha del último apareamiento y calcular con bastante precisión cuándo le correspondía tener la cría.

Un día sonó el familiar golpe en la puerta, una voz dijo «Ejem, no es más que Jeremy», y llegó éste, con su gesto de preocupación.

—Se trata de Claudette, señor Durrell —empezó—. Creo que según las fichas le corresponde parir hacia septiembre, y, ejem, me estaba preguntando si no le parece conveniente pasarla al otro recinto, para que no esté con Claudio.

Hablamos del asunto con algún detenimiento y decidimos que quizá fuera lo más prudente separarlos, pues no sabíamos cómo reaccionaría Claudio ante la cría. En todo caso tenía una cierta tendencia a la miopía, y era muy posible que la pisoteara sin darse cuenta. Así que pasamos a Claudette al otro recinto, donde todavía podía oler a Claudio y frotarse la nariz con la de él por entre la verja, pero podía parir con total seguridad. Fue hacia las fechas en que creíamos que debía estar ya lista cuando empezó a causarnos gran preocupación. Es cierto que habían aumentado sus dimensiones, pero no podía detectarse que la cría se estuviera moviendo todavía ni se apreciaba que las ubres fueran teniendo ya leche. Jeremy, nuestro veterinario Tommy Begg y yo celebramos una larga conferencia.

—Tiene la piel tan condenadamente gruesa —dijo Tommy sombrío—, y ella misma es tan dura en todo, que no puedo apretarle con los dedos lo suficiente para detectar un movimiento de la cría.

—Bueno, pues según las fichas —intervino Jeremy, que trataba a las fichas como si fueran una especie de oráculo— debería tenerla un día de éstos.

—Lo que me preocupa a mí —dije— es que no tiene leche. Supongo que ya le debería haber subido la leche, ¿no?

Estábamos los tres apoyados en la barandilla del recinto contemplando a Claudette, que dio uno de esos chillidos cortos y absurdos que dan los tapires y siguió rumiando meditabunda una rama de espino, sin tener para nada en cuenta nuestras expresiones de preocupación.

—Bueno, si pare —dijo Tommy— y no tiene leche, habrá que darle el biberón a la cría. ¿Cuál es la composición de la leche de tapir?

—Ni la menor idea —contesté—, pero puedo consultarlo en la biblioteca.

Fuimos los tres a mi estudio, pero no pudimos encontrar en un solo libro la composición de la leche de tapir.

—Bueno —dijo Tommy después de haber consultado el libro número cuarenta y siete sin hallar nada—, pues tendremos que arriesgarnos y hacer una mezcla que se parezca lo más posible a la leche de yegua. Creo que con eso debería bastar.

Se prepararon y esterilizaron biberones y tetinas, y

pusieron al alcance de la mano todos los ingredientes necesarios para hacer algo parecido a la leche de yegua. Esperamos y esperamos, y Claudette no dio el menor indicio de que fuese a parir. Después, un día se le limpió la caseta hacia las diez y media de la mañana, como de costumbre. Todavía no había señas de la cría, pero aquella tarde, a las tres, Geoff, que era quien la cuidaba, llegó corriendo por el camino de atrás, con la cara encendida de la emoción.

—¡Lo ha tenido! ¡lo ha tenido! —gritaba.

Jeremy y yo que estábamos comentando gravemente otros asuntos, salimos corriendo inmediatamente por la cuesta de atrás hasta el recinto de Claudette. Esta había salido a tomar el aire y estaba comiéndose un gran plato mixto de zanahorias y frutas, y no hizo el menor caso de nuestra intrusión. Miramos cautelosamente en la caseta y allí, en la paja, estaba una de las crías de animal más adorables que he visto en mi vida. Tenía aproximadamente el tamaño de un perro pequeño, y era rayado, como todas las crías de tapir, con unas bandas de un blanco vívido que le corrían a todo lo largo del cuerpo sobre la piel de color marrón, de modo que parecía una especie de caramelo de chocolate animado. Me pareció maravilloso que Claudette hubiera podido llevar dentro de sí una cría tan grande y sin embargo nosotros no hubiéramos podido detectar el menor movimiento. Debía haber nacido hacía menos de una hora, porque todavía tenía mechones de pelo húmedo de los lengüetazos de Claudette. Lo ayudamos cuidadosamente a ponerse en pie para ver de qué sexo era, y se tambaleó un ratito por la caseta antes de volverse a echar. Con aquellas rayas blancas se destacaba de forma extraordinaria sobre la paja, pero cuando se imaginaba uno aquellos colores en el contexto de la luz filtrada por entre la densa cobertura de la selva, se veía que era un camuflaje perfecto.

Inmediatamente lo bautizamos César, con objeto de mantener el linaje romano, por así decirlo, y después fuimos a ver si Claudette ya tenía leche. Aquello era lo que más nos preocupaba, pues ni siquiera en las mejores circunstancias posibles era fácil criar a un animal con biberón. Con enorme sorpresa vimos que, entre las diez de la mañana y las cuatro de la tarde se le habían llenado completamente de leche las ubres y que tenía gran abundancia de ella. Aquello nos alivió de una gran preocupación. Resultó ser una madre ejemplar, y no pasó mucho tiempo antes de que César fuera trotando por el recinto a sus talones. Otra cosa interesante que advertimos era que le daba de comer tumbada en el suelo, y él se echaba delante de ella y mamaba vigorosamente de las ubres.

Bueno, como ya he dicho antes, tengo una biblioteca bastante extensa, y hace muchos años que se crían tapires en parques zoológicos, pero en ninguna parte habíamos visto que se hicieran constar esos tres datos. El primero es que resulta casi imposible saber si la hembra está preñada o no, es decir, no se puede advertir los golpes que da la cría en el seno de la madre. Segundo es que las ubres no se le llenan de leche hasta que ha nacido la cría. El tercero es que da de mamar a la cría echada en el suelo. Además, como Claudette era un animal muy amistoso, nos resultó fácil obtener una muestra de su leche y enviarla al Laboratorio Público para que éste nos analizara sus elementos. Eso significaba que sí, más adelante, teníamos a una tapir hembra que pariese una cría y no le llegara la leche para amamantarla, sabríamos cuál era la composición exacta que se necesitaba. Todos estos datos se anotaron debidamente en las fichas y más adelante se publicaron en nuestra Memoria Anual.

Otro nacimiento interesante que ocurrió aproximadamente al mismo tiempo fue el de un papión Gelada. El papión adulto Gelada es un animal muy bonito, con un gran chal de piel color chocolate y una extraordinaria mancha, en forma casi de corazón, de piel de color rojo brillante en el pecho, que da la sensación de que se le ha raspado toda la piel y no queda debajo más que la carne viva. El macho se llamaba Algie, y era todo un personaje. Tenía las patas un poco cortas y torcidas, de forma que andaba de forma curiosísima y algo afeminada.

Cuando iba uno a verlo a su jaula lo saludaba siempre con un paseo hasta la tela metálica, después de lo cual echaba hacia arriba el labio superior de forma que se le veían las encías y unos dientes enormes, y se ponía a dar grititos y suspiros de alegría cuando se le hablaba. Primero compartió su residencia con una papiona sudafricana, pero al cabo de poco tiempo le habíamos encontrado una compañera a la que decidimos llamar Amber, pues como observó uno de los empleados, Algie estaba por siempre con Amber *. Algie vivía para comer y para su compañera, de forma que no nos sorprendió en absoluto que al cabo de muy poco tiempo Amber se quedara embarazada.

Los papiones de todas las especies en estado silvestre tienen una estructura social interesante, de manera que dejamos a la papiona sudafricana con los dos geladas para ver lo que pasaba cuando por fin naciese la cría. Algie, que era el animal dominante de la jaula, compartía sus favores por igual entre su propia compañera y esta otra papiona que no era nada suyo. Inmediatamente después en la escala de la autoridad venía esta otra papiona africana y, hasta que nació la cría, Amber era la que ocupaba el escalón más bajo del grupo. El principal motivo por el que dejamos con ellos a la papiona africana era que si la sacábamos se habría roto la cadena del mando, y Algie y su compañera habrían empezado las peleas y los manotazos que son frecuentes entre cualquier pareja de primates. Así las cosas, Algie mandoneaba a la papiona sudafricana y ella, a su vez, mandoneaba a Amber, pero de forma mucho más suave de lo que habría hecho Algie. Había el peligro de que, si dejábamos a la papiona sudafricana en la jaula, como era el animal dominante sobre Amber, le hiciera daño a la cría, o incluso se la comiera, pero decidimos correr ese riesgo.

En estado silvestre, la mayor parte de los papiones

* Alusión a la famosa obra de K. Winsor «Forever Amber» *(Por siempre Amber)*, de 1945. (N. del T.)

han elaborado un sistema social muy complejo, que hasta hace poco nadie había investigado a fondo. Se ha observado que cuando una papiona tiene una cría se produce un gran nerviosismo entre todas las hembras del grupo, especialmente entre las hembras más viejas, que ya no están en edad de tener más crías. Para empezar, se reúnen en torno a la madre y examinan a la cría con mucho interés, aunque no se les permita que la toquen. Gradualmente, la madre deja de protegerla tan celosamente, y entonces las demás hembras compiten entre sí en tener a la cría por turnos, y la limpian y se la llevan con ellas. En este caso concreto, si los tres animales hubieran sido de la misma especie, cabría haber supuesto que se observara el mismo proceso. Pero había algunas dudas acerca de si la papiona sudafricana, que era mayor, iba a reaccionar así ante la cría de una especie totalmente diferente.

Llegó el gran día. La cría nació durante la noche en el dormitorio de los papiones. Se la observó a las ocho de la mañana siguiente, perfectamente limpia y seca. Se aferraba tenazmente a su madre, y no había indicios de cordón umbilical ni de placenta. Cuando se les permitió salir a la jaula exterior, quedó claro inmediatamente que la papiona sudafricana estaba tan excitada, y casi cabría decir tan encantada, con el nacimiento de la cría como la madre. Se sentaba junto a Amber todo lo posible, por lo general de frente, y de vez en cuando la abrazaba con un gesto de protección, de forma que la cría, que se agarraba al pecho de la madre, quedaba incrustada entre las dos. Algie, que como ya he dicho, había sido hasta entonces el animal dominante de la jaula, estaba intrigado con la cría y evidentemente quería examinarla, pero cada vez que se acercaba a Amber, ésta se volvía hacia él y echaba atrás el labio superior, castañeteando los dientes y emitiendo un ruido algo así como «yaarrr», que hasta ahora no habíamos escuchado en su vocabulario. Esto tenía el efecto de hacer que se retirara, de forma que lo único que le quedaba por hacer era dar vueltas en torno al par de hembras y la cría, manteniéndose a un par de metros de distancia, mientras observaba atentamente para ver si podía echarle un vistazo.

Este estado de cosas duraba desde hacía 24 horas cuando se le permitió acercarse más para que pudiera limpiar a su compañera, y a la papiona sudafricana. Cinco días después del parto habían recuperado más o menos su comportamiento normal. La papiona sudafricana seguía actuando de forma protectora tanto con la madre como con la cría, pero a Algie se le permitía abrazar y limpiar a su pareja. Que se pudiera observar, no se le permitía en absoluto tocar a la cría. Esta estaba fortísima y muy sana y, al revés que la mayor parte de las otras crías de papión, tenía la cara muy poco arrugada. En un plazo de 24 horas ya veía, y enfocaba la vista con gran precisión, y seguía los movimientos de la mano o el cuerpo de uno a dos metros de distancia de la jaula. Al quinto día, su madre le permitió bajarse y dar un paseíto por el suelo, aunque en todo momento la mantenía al alcance de la mano. Pero al cabo de siete días terminó este feliz estado de cosas, pues la papiona sudafricana, a la que ya se permitía tener a la cría en brazos, se puso demasiado posesiva, y seguía reteniéndola incluso cuando era evidente que la cría quería irse con su madre para que le diera de comer. Nos vimos obligados a trasladar a la papiona sudafricana y a Algie a una jaula separada para que la cría pudiera prosperar.

La Fundación estaba a punto de celebrar su primer cumpleaños, y creímos que debíamos celebrarlo de alguna forma. Decidimos declarar un Día del Socio, al que entre nosotros llamamos «Fiesta del Bollo». Cerraríamos el zoo un día entero, salvo para los socios, invitaríamos a venir a algunas personalidades y daríamos una comida a la que esperábamos asistieran el Gobernador de la isla y el Bailío. A la noche haríamos una cena de recaudación de fondos en la que esperábamos que nuestras personalidades pronunciaran discursos en pro de nuestra causa. Todo aquello representaba mucho trabajo. Había que reservar hoteles, preparar menús, asignar puestos en la mesa, lo cual casi nos hizo volvernos locos, y muchas cosas más. Además, era la época del año en que hay mucha niebla en Jersey, y cuando había niebla en cualquier punto de las inmediaciones de Jersey, inevitablemente se asentaba con una precisión implacable en el aeropuerto. Por eso era imperativo lograr que todas nuestras personalidades llegaran por lo menos un día antes, pues si no, podíamos encontrarnos con que no teníamos ni un invitado. El 90 por ciento de este trabajo lo hizo Catha, y lo hizo magníficamente, pero advertí que en adelante no sólo necesitábamos tener un Consejo de Administración, sino también varios subcomités que se encargaran de los proyectos de este tipo.

Uno de los comités que decidí formar fue el de recaudación de fondos, y estaba pensando en ello un día cuando fui al aeropuerto a recoger a Jacquie. Al entrar en la sala de llegadas, pensando en otras cosas, me encontré de repente con una de las muchachas más bonitas que he visto en mi vida. Tenía el pelo negro, unos ojos verdes enormes y una expresión de amor y amabilidad tan profunda, que yo me sentí seguro de que no podía dirigirse a mí. Pero cuando se me acercó, vi que sí. Me subieron los ánimos. Quizá, después de todo, la barriguita que estaba echando y las ojeras que tenía no eran tan visibles como me había parecido, o quizá hubiera muchachas a las que incluso les gustaran. Después se me volvieron a bajar los ánimos, porque vi que llevaba una hucha para pedir fondos.

—¿Querría usted —preguntó con una voz dulce como la miel— contribuir a nuestra causa?

—Claro —dije—. ¿Cómo podría resistirme a unos ojos así?

Busqué en el bolsillo y por error le metí en la hucha un billete de media libra, en lugar de la media corona que me había propuesto dar.

—Apuesto a que con una cara así está usted sacando mucho dinero —le dije.

Sonrió dulcemente:

—Bueno, no me va demasiado mal —contestó.

—Bien, pues podría usted pensar en pedir para nosotros alguna vez.

—¿Por qué no me lo propone?

—A lo mejor lo hago —dije, y entonces se anunció por los altavoces el aterrizaje del avión de Jacquie y fui hacia las puertas de llegada. Mientras estaba allí esperando se me ocurrió una idea brillante. Esa chica era precisamente la que necesitábamos, y de hecho había ofrecido sus servicios. Sería perfecta para recaudar fondos. Estaba seguro de que nadie sabría resistirse a aquellos ojos. Esperé impaciente a que llegara Jacquie, la agarré del brazo y la saqué sin ceremonias a la sala de llegadas.

—Vamos, vamos —le dije—. Estoy buscando a una chica.

—¿Otra vez? —comentó Jacquie.

—No, no. Es una chica especial, guapísima. Estaba aquí hace un minuto, pidiendo algo para no sé qué.

—Y ¿para qué diablos la buscas? —preguntó Jacquie, suspicaz.

—Bueno, es que es perfecta para el comité de recaudación de fondos —expliqué—. Y de hecho se ha ofrecido y yo, idiota de mí, no le pregunté cómo se llamaba.

Miré frenético por la sala, pero no había nadie, salvo duquesas viudas y coroneles retirados.

—¡Maldita sea! —exclamé—. He perdido la oportunidad de mi vida.

—Pero, ¿no puedes averiguar quién es? Debe ser alguien de por aquí —dijo Jacquie.

—No sé —respondí—. Supongo que podría preguntarle a Hope.

En cuanto llegamos a casa, telefoneé a Hope.

—Hope —pregunté—, ¿quién es una chica guapísima, con ojos verdes y pelo negro que estaba pidiendo para no sé qué cosa hoy en el aeropuerto?

—¡Pero, Gerry! —dijo Hope—. La verdad es que haces las preguntas más imposibles. Cómo quieres que lo sepa *yo*. Y además, ¿para qué quieres saberlo?

—Quiero poner en marcha un comité de recaudación de fondos —dije—, y me ha parecido la persona absolutamente ideal para que participe en él.

Hope se echó a reír.

—Bueno, así inmediatamente no se me ocurre nadie —comentó—, pero claro que podrías probar con Lady Calthorpe. Dicen que hace muy bien las recaudaciones de fondos.

Solté un gruñido. Podía imaginarme perfectamente cómo era Lady Calthorpe: dientes largos y amarillentos, pelo gris muy corto, trajes de tweed con olor a cocker spaniel, y cocker spaniels con olor a tweed.

—Bueno, lo pensaré —le contesté.

De manera que llegó el día del festejo y, huelga decirlo, había niebla en el aeropuerto. Para conseguir que llegaran Peter Scott y su mujer hubo un lío del demonio; llegaron por los pelos, y eso gracias al avión particular de alguien. Sin embargo, todo salió muy bien. Por la mañana les enseñé el zoo a Peter y su mujer, los presenté al personal y expliqué la labor que estábamos tratando de hacer. Para gran satisfacción mía, Peter pareció quedar muy impresionado.

La comida del mediodía fue una ocasión muy agradable; sobre todo, creo, porque nadie pronunció un discurso. Después, por la tarde, todos volvimos a dar una vuelta al zoo. Quedaba el tiempo justo para bañarse y cambiarse de ropa antes de empezar con el verdadero acontecimiento del día, que era la cena para la recaudación de fondos. Habíamos invitado a asistir a un grupo pequeño, pero muy selecto, y esperábamos que algunos de los invitados pudieran ayudarnos en otras esferas. El primer orador fue Lord Jersey, quien presentó después a Peter Scott, que pronunció un discurso maravilloso sobre diversos aspectos de la conservación de la naturaleza y la importancia de la labor que estábamos tratando de hacer. El siguiente orador previsto era yo, y estaba mirando al desgaire mis notas para prepararme cuando de pronto se posó mi mirada en una muchacha sentada a alguna distancia de mí al otro lado de la mesa. Era la que había visto en el aeropuerto. ¿Qué diablos, pensé, estaba haciendo aquí? Tanto me intrigó el problema que casi me olvidé del discurso. Sin embargo, logré pronunciarlo y me volví a sentar. A la primera oportunidad estaba decidido a abrirme paso al otro lado y capturar a la chica antes de que se pudiera escapar por segunda vez.

Pronto empezaron a moverse las sillas y la gente empezó a levantarse de las mesas. Me abrí camino a toda la velocidad que permitía la cortesía por entre la masa de distinguidos amigos y logré pescar a la chica justo cuando salía por la puerta. Le puse una mano en el hombro, como el detective de una tienda que arresta a un ladrón. Se dio la vuelta y me alzó las cejas con gesto desdeñoso.

—Es usted la chica que conocí en el aeropuerto —dije.

—Sí —contestó—. Por eso he venido.

—Bueno, pues en el aeropuerto —continué— dijo usted que estaría dispuesta a ayudarnos con la recaudación de fondos. ¿Era en broma o lo decía de verdad?

—Claro que lo decía de verdad.

Por una vez en la vida, yo llevaba lápiz y papel en el bolsillo.

—¿Podría usted darme su nombre y su número de teléfono para que pudiera ponerme en contacto con usted y seguir hablando de esto? —pregunté.

—Naturalmente —dijo—; cuando usted quiera.

—Ejem... ¿se llama usted?

—Saranne Calthorpe.

Me sentí confusísimo. La contemplé un momento.

—Pero... pero no puede ser usted *Lady* Calthorpe —dije en tono un tanto petulante.

—Pues lo soy desde hace unos cuantos años.

—Pero... Lo que quiero decir es... ¿dónde está el pelo corto, y los cockers, y ese aspecto de yegua veterana? —pregunté desesperado.

—¿Tengo aspecto yo de yegua veterana? —respondió con voz interesada.

—¡No, no! —dije—. No... no quería decir eso. Lo que quería decir es que yo *creía* que tendría usted aspecto de yegua veterana. ¿Está usted segura de que no hay dos Lady Calthorpes en la isla?

—Que yo sepa —dijo con absoluta dignidad—, yo

soy la única. Puede usted telefonearme cuando quiera —añadió, y me dio su dirección y su número de teléfono.

Volví jubiloso a Jacquie.

—He encontrado a la chica —le dije.

—¿Qué chica exactamente? —preguntó Jacquie.

—La que te dije —contesté impaciente—. La del aeropuerto. Es Lady Calthorpe.

—Pero creí que me habías dicho que Lady Calthorpe estaba rodeada de cockers spaniels, y tweeds, y todo eso —comentó Jacquie.

—¡No, no, no! Es... es esa... esa criatura maravillosa que... que... lleva una especie de vestido negro con cosas blancas —dije.

—Ah, esa —dijo Jacquie—. Sí... bueno, supongo que debe saber cómo obtener fondos.

—Voy a ponerme en contacto con ella enseguida —dije yo—. Mañana por la mañana. Pero ahora, por el amor de Dios, vámonos a casa y a la cama.

Y eso hicimos.

En general, el festejo resultó un gran éxito. Habíamos tenido la oportunidad de que nos dieran consejos personas como James Fisher, Walter van den Berg, el director del zoo de Amberes, Richard Fitter, de la Sociedad para la Conservación de la Fauna, y muchas más que no sólo habían considerado oportuno elogiar la labor que estábamos realizando, sino hacernos críticas constructivas. Y no sólo eso, sino que por lo menos el dinero reunido nos permitiría empezar a trabajar en nuestro proyecto más urgente, una serie de jaulas nuevas y muy amplias al aire libre para los monos grandes. Los planos de esas jaulas llevaban mucho tiempo pudriéndose en la mesa del constructor, mientras Jeremy y yo suspirábamos por ellas. Iban a costar mucho más dinero de lo que podía permitirse la Fundación. Pero después del festejo sabíamos que podíamos empezar a construirlas, y la idea nos hacía felices.

Por otra parte, yo siempre he mantenido que los dos seres más peligrosos a los que se puede dejar sueltos en un zoo sin supervisión son un veterinario y un arquitecto. El primero insiste en tratar a los animales salvajes como si fueran domésticos. El perro de la sabana o el dingo pertenecerán a la familia de los perros, pero no se los puede tratar como si fueran pekineses o cockers. Por lo general, el veterinario, desesperado, dice: «Bueno, yo en tu lugar acabaría con él». Nosotros teníamos la suerte de que nuestros dos veterinarios, el señor Blampied y el señor Begg, adoptaban la actitud opuesta. Lo último que deseaban en el mundo era acabar con ningún animal.

Los arquitectos ya son otra cosa. Si se los dejaba sin supervisión, le proyectaban a uno una jaula que era un poema arquitectónico, pero inútil desde el punto de vista del personal que ha de utilizarla o, lo que es más importante, de los animales que han de vivir en ella. Cuando nos metimos con lo de las jaulas para los monos grandes, Jeremy y yo observamos los planes con gran atención, para asegurarnos de que no se cometían errores. Se trataba de jaulas que era muy difícil proyectar, porque había que construirlas en una pendiente, orientada al sur, a lo largo de la pared del pabellón de los mamíferos. Pero el terreno bajaba en tres direcciones diferentes, lo cual, significaba que era preciso construir una gran base de cemento en la que se pudieran poner las jaulas. El proyecto definitivo que nos presentó Bill Davis, nuestro arquitecto, me agradó mucho. Cada una de las jaulas era casi triangular, de modo que los residentes de todas podían ver lo que pasaba en las otras dos. Como los monos son casi tan curiosos acerca de lo que hacen los vecinos como los seres humanos, en lugar de ponerles unos visillos por detrás de los cuales pudieran ponerse a atisbar, les pusimos barrotes. El techado de esta construcción caía ligeramente hacia atrás, de forma que a los monos les llegara el máximo de sol.

Llegaron los de la empresa que tenía que construir las jaulas y se pusieron al trabajo. Las jaulas en que vivían entonces los monos estaban dentro del pabellón, pero cada una de ellas tenía una ventana desde la que podían ver la marcha de la obra, cosa que les fascinaba.

Oscar el orangután, que es la raza con más aptitud mecánica de todos los monos, se quedaba sentado casi literalmente todo el día, con la cara aplastada contra el vidrio, contemplando cómo se mezclaba y se ponía el cemento, con una expresión absorta en su rostro más bien achinado. Una mañana bajé a ver cómo marchaba la obra y me puse a hablar con uno de los obreros.

—Ya veo que Oscar vigila que hacen ustedes bien las jaulas —dije, señalando hacia donde estaba sentado el orangután con la cara aplastada contra el vidrio.

—¡Ese tío! —exclamó aquel hombre—. Ese se pasa el día ahí sentao. ¡Es peor que si hubiera un capataz de mierda vigilándole a uno!

3. El parto de una leona

Estimado Sr. Durrell:

Me llamo Miriam. Le escribo para pedirle su opinión sobre lo siguiente:

1. ¿Cree usted que podría yo conseguir un cachorro de león?

2. Si es posible, ¿sabe usted cuánto me costaría?

3. ¿Qué edad tendría el más pequeño que podría conseguir (quitárselo a su madre)?

4. ¿Dónde podría tenerlo?

5. ¿Hasta qué edad podría quedarme con él?

6. ¿Qué hay que darle de comer a un león pequeñito?

7. ¿Qué tamaño tendría al llegar?

¡Y todos los demás datos que le parezcan a usted necesarios!

Muchísimas *gracias...*

En toda colección grande de animales silvestres va a tener uno su parte de enfermedades y accidentes, y a veces resultan fatales, porque los animales no son menos mortales que el hombre. Bajo el epígrafe de «accidentes» hay que incluir, mucho me temo, los causados por el comportamiento de los visitantes normales. Ya nos había ocurrido que a alguien se le ocurriera darles a los monos cuchillas de afeitar, y a los monos grandes pipas y cigarrillos encendidos, de modo que se quemaban. Si no se tiene a alguien de guardia permanente, resulta difícil protegerse contra un comportamiento así.

Veamos, por ejemplo, lo que les ocurrió a nuestros guacamayos rojos, el capitán Koe y McCoy. Se trataba de unos pájaros de mucho colorido y de muy buen temperamento, de forma que cuando hacía buen tiempo los sacábamos de la jaula y los poníamos en una pared baja de granito que corría al lado del pabellón de los mamíferos, donde se quedaban sentados al sol, peinándose el plumaje brillante e intercambiando una conversación en voces roncas y bienhumoradas con cualquier visitante que pasara por allí. Un día una señora extraordinariamente robusta, es de presumir que agotada por su paseo por el zoo, se fue a sentar en la pared en que ya estaba sentado el capitán Koe. Aunque parezca inconcebible, se sentó encima de él. Quizá parezca increíble que nadie se pueda sentar encima de un pájaro del tamaño de un guacamayo, con un plumaje tan brillante y multicolor. Es una verdadera pena que el capitán Koe no pudiera tomar represalias y darle un picotazo a aquella señora, porque el blanco era muy grande y los guacamayos son las aves que tienen los picos mayores de toda la familia de los loros. Pero sencillamente, quedó aplastado.

Nuestro encargado de mantenimiento, que pasaba por allí por casualidad, vio el incidente. La señora parecía completamente inconsciente del hecho de que había hecho algo fuera de lo normal. El jefe de mantenimiento recogió al pájaro y lo llevó inmediatamente al despacho. Por suerte, en aquel momento se hallaba en el zoo Tommy Begg, nuestro veterinario, que estaba haciendo su reconocimiento semanal de los animales, e inmediatamente atendió al Capitán Koe. Tenía las dos patas rotas, y Tommy se las entablilló hábilmente, pero además también tenía aplastadas las costillas y el esternón, y algunas de las costillas le habían perforado un pulmón. De forma, que, pese a todo lo que intentamos hacer, al cabo de poco tiempo el guacamayo había muerto.

Lo que más me sorprendió de todo fue el comportamiento de aquella mujer. Por muy miope que fuese, de modo que no pudiera ver a un pájaro grande revestido de un plumaje brillante escarlata y azul sentado en una pared, después de sentársele encima tenía que advertir que le había hecho daño a algo. No sólo no vino a las oficinas a explicar su error y preguntar cómo estaba el pájaro, sino que ni siquiera se molestó en telefonear para enterarse de cómo iban las cosas. Y éste no es más que un ejemplo de la actitud del público en general. Creo que, por término medio, se pasa uno el 70 por ciento del tiempo en proteger a los animales contra el público, aunque parezca mentira.

Como todo zoo con sentido común, no permitimos que el público le dé de comer a los animales. Esto se debe a que podría darles comida que no les conviene, o demasiado de algo que les gusta mucho, lo cual les impide comer la dieta cuidadosamente equilibrada que les hemos establecido. Por ejemplo, los grandes monos pueden comer todo el chocolate que se les dé, igual que los niños, hasta que se ponen enfermos, y entonces rechazan la comida de la noche, que les hubiera sentado mucho mejor. Y después, a veces tienen trastornos gástricos, y se pasa muchísimo tiempo en curarlos de algo que se debe simplemente a comer lo que no les conviene. Pero hay alguna gente que viene al zoo y no tiene en cuenta para nada los letreros que hemos puesto por todas partes y que dicen «Por favor, no den de comer a estos animales», y siguen tirándoles pedazos de chocolate y otras golosinas con toda alegría por entre los barrotes de las jaulas. Ya tiene uno bastantes tareas veterinarias que hacer durante todo el año cuando se tiene una buena colección de animales, para encima verlas aumentadas por la estupidez, y a veces la crueldad, de los visitantes.

A un extremo del zoo hay un lago pequeño, en el

que teníamos una colección mixta de aves acuáticas, en la que había algunas especies bastante raras. Allí habían vivido, contentas y se habían reproducido desde hacía bastantes años. Luego pasamos por un verano excepcionalmente cálido. El arroyo que alimentaba al lago fue muriendo, y el propio lago se fue quedando con cada vez menos agua. Al cabo de poco tiempo empezamos a encontrarnos de vez en cuando con un ave muerta sin que, pese a la autopsia, pudiéramos averiguar de qué había muerto. Y después, de repente, nos encontramos con un grupo de seis aves que murieron todas de un golpe, entre ellas dos de nuestros especímenes más raros. Tommy Begg se quedó contemplando estupefacto la macabra fila de cadáveres que lo aguardaban cuando vino para su visita del lunes por la mañana.

—¿Qué diablos pasa con ese lago? —preguntó irritado—. Hemos analizado el agua y no hay ningún motivo, que yo pueda ver, para que se estén muriendo los pájaros.

Después se le ocurrió una idea.

—Lo único que no he investigado es si hay lombrices en el estómago —dijo—. Me pregunto si no será eso.

Agarró el cadáver más cercano que resultó ser el de un ánsar y le rajó cuidadosamente el vientre con el escalpelo. No se podía ver nada. Después abrió el buche del pájaro y encontró la solución del misterio. Porque en el buche había aproximadamente el equivalente de una huevera de perdigones del 12. Cuando examinamos los buches de las demás aves muertas, encontramos una cantidad igual de perdigones de plomo en cada uno, y en algunos de ellos encontramos incluso un extremo de la cápsula de un cartucho de escopeta del 12. Y cabe decir perfectamente que el buche de un ave es como su dentadura, en el sentido de que la mayor parte de las aves toman una cierta cantidad de arena o de gravilla, o incluso de guijarros pequeños con la comida. Todo eso se aloja en el buche y ayuda a triturar y masticar la comida cuando pasa por él. Como la arena, o la gravilla, o las piedrecitas, se van desgastando con el tiempo, el ave va tomando otras nuevas para reponer sus «dientes». Aquellas aves habían encontrado, no sabíamos dónde, una gran cantidad de perdigones de plomo y naturalmente se los habían comido, es de suponer que por haberlos confundido con guijarros pequeños o gravilla. Desde luego que en el buche habían actuado como dientes, pero la comida los había ido desgastando y los pájaros se habían puesto enfermos de intoxicación de plomo.

Naturalmente, en cuanto supimos cuál era la misteriosa causa de aquellas muertes, recogimos a todas las aves del lago y registramos cuidadosamente la orilla a ver si podíamos encontrar la fuente de los perdigones. Como había tantos en los buches de las aves que habían muerto, estábamos seguros de que debían haberse encontrado con toda una caja de cartuchos del 12, o algo parecido, pero aunque buscamos detenidamente, no pudimos encontrar el lugar en que los habían hallado los pájaros. Uno de los que habíamos sacado del lago empezó a ponerse malo. Evidentemente, padecía una intoxicación de plomo, de manera que intentamos salvarlo con versenato cálcico bisódico aplicado en inyecciones intravenosas. Por desgracia, no sirvió, y el pájaro murió. Durante un cierto tiempo siguió siendo un misterio cómo podía hallarse en el lago tal cantidad de perdigones de plomo, hasta que descubrimos que antes de la guerra aquel lago no existía en absoluto. Hasta entonces no era más que un vallecito por el que corría un arroyuelo. El propietario de los terrenos, que ahora nos los alquilaba a nosotros, el comandante Fraser, había hecho una presa y lo había convertido en un pequeño lago. Llegamos a la conclusión de que, durante la ocupación alemana de la isla, alguien que poseía una gran cantidad de cartuchos del 12, por miedo a que se los descubrieran, los había enterrado en el valle. La acción gradual del agua y el barro había ido deshaciendo el cartón de los cartuchos y había liberado los perdigones en un montón bajo el agua, y en aquel verano excepcionalmente cálido, al bajar el nivel del agua, los patos y los gansos habían tenido acceso a zonas de barro a las que normalmente no hubieran podido llegar.

Claro que hay muchas más cosas que suceden en el zoo y contra las cuales es completamente imposible protegerse uno. Por ejemplo, nuestras civetas africanas parieron una camada muy grande de cachorros. Aquello fue todo un acontecimiento, porque no había muchos zoos que hubieran logrado que las civetas se reprodujeran en cautividad. Durante tres días, la hembra se portó como una madre ejemplar, y después, por un motivo que jamás logramos averiguar, se lanzó sobre sus cachorros y se los comió. Y se dio el caso de nuestros gatos cervales. Aquellos gatos tan bonitos y de patas tan largas, con sus orejas puntiagudas, sus rabos cortos y sus pieles de un marrón anaranjado precioso, con grandes manchas negras, eran verdaderamente unas criaturas bellísimas, y nos sentimos muy contentos cuando Tammy tuvo dos gatitos. También resultó ser una madre excelente, y durante una semana más o menos, los gatitos prosperaron y mamaron bien, y ella parecía estar muy satisfecha. Y de pronto, un día, cuando fuimos a ver en su cubil, descubrimos que los dos cachorros habían muerto. No teníamos la menor idea de por qué había ocurrido aquello. Los dos cachorros no tenían ni una cicatriz, de manera que evidentemente ella no los había mordido. Pero la autopsia reveló enseguida lo que había pasado. Habían muerto asfixiados. Tammy, es de suponer que durante la noche, se había dado la vuelta, había quedado encima de los dos cachorros y los había sofocado sin darse cuenta. Eso es algo que les pasa a veces a los gatos domésticos con la primera camada de crías, hasta que aprenden las artes de la maternidad.

Pero creo que, probablemente, nuestro problema más complicado de veterinaria fue el que tuvimos cuando se quedó preñada Sheba, nuestra leona. Todo parecía ir perfectamente y le estaba llegando el momento. Un día tuve que salir a comer con unos amigos y, como hago siempre que salgo del zoo, dejé la dirección y el teléfono del restaurante, de forma que si había una urgencia supieran dónde ponerse en contacto conmigo inmediatamente. Apenas había acabado de comer cuando me llamaron por teléfono para decir que había comenzado el parto de Sheba, pero que tenía un cachorro medio dentro y medio fuera, y que por muchas fuerzas que hacía, no parecía que fuera capaz de darlo a luz. Evidentemente, el cachorro estaba muerto. Tomé un taxi, volví al zoo a toda la velocidad que pude y examiné la situación con Jeremy. Llevaba dos horas y media en el parto y, como ya he dicho, el cachorro colgaba blando y evidentemente estaba muerto, pero no podía deshacerse de él y parecía estar pasándolo muy mal.

—Lo que tendríamos que hacer —dijo Jeremy— es meterla en una jaula pequeña. Entonces quizá pudiéramos servirle de alguna ayuda.

Por desgracia, el cubil era bastante grande, y si queríamos meterla en una jaula más pequeña teníamos que meternos con ella y empujarla. Era un riesgo que yo no estaba dispuesto a correr. Tuve una idea. Sabía que el zoo de Londres tenía una pistola de captura. Es igual que un revólver, salvo que dispara un dardo que actúa como una jeringuilla hipodérmica, al penetrar en el flanco del animal, en la parte del cuerpo de éste a la que se apunte, y le da una inyección que puede ser un anestésico, un antibiótico o algo parecido. Supuse que si telefoneaba al zoo de Londres, habría una posibilidad de que éste lo enviara por avión, de forma que pudiéramos utilizarlo con Sheba. Fui a casa a telefonear al zoo de Londres.

Huelga decir que era sábado. Parece que todas las crisis de este tipo ocurren en sábado. Cuando por fin logré ponerme en contacto con la clínica del zoo de Londres, me dijeron que sí, efectivamente, que tenían una pistola de captura, pero que la única persona autorizada para utilizarla era su jefe de veterinaria, el doctor Oliver Graham Jones. La policía era muy estricta a este respecto y no permitía que saliera de allí. Pues bien, yo conocía al doctor Oliver Graham Jones desde hacía años y sabía que si le era posible, estaba dispuesto a desviarse ligeramente de la ley. Pregunté si podía hablar con él. Lo lamentaban mucho, dijeron, pero se había ido a su casa a pasar el fin de semana. Bueno, ¿podían darme su número de teléfono? Sí, podían y me lo dieron, y con el tiempo logré pescar a Oliver en casa. Le expliqué la situación y manifestó su pesar.

—Pero, amigo mío —me dijo—, lo primero de todo es que no te puedo enviar ese cacharro sin permiso de la policía, y, en segundo lugar, si nunca lo has utilizado antes, puede ser peligrosísimo. Si no le pones la carga exacta a la pistola, la jeringa que lanza, en lugar de actuar como debe, o sea, de hipodérmica, funciona más bien como una bala de fusil, y entonces resulta que en lugar de curar al animal te lo mata. Son unos cacharros de manejo muy difícil.

—Bueno, pues entonces no hay nada que hacer —respondí—. Tendremos que tratar de meterla en un cajón. Supongo que habrá que acorrarlarla con antorchas encendidas.

—¡Dios mío!! —exlamó Oliver, impresionadísimo—. ¡Pero no podéis hacer eso! Podría mataros a todos, sobre todo si está en ese estado. No le va a hacer nada de gracia que la tratéis así.

—Pero no queda otro remedio, ¿no?

Oliver se quedó un momento pensándolo.

—¿Cuánto tiempo me llevaría llegar a Jersey? —preguntó.

—Depende de los vuelos —contesté—, pero posiblemente una hora, más o menos.

—Bueno, si puedes conseguirme billete, me voy al zoo, saco la pistola, voy ahí y te hago el trabajo.

—Maravilloso —dije entusiasmado—. Voy a ponerme al habla con nuestro agente de viajes inmediatamente y te vuelvo a telefonear.

Para aumentar las complicaciones, estábamos en medio de la temporada de vacaciones, y prácticamente todos los aviones estaban reservados para parejas en luna de miel o familias que venían a pasar las vacaciones en Jersey. Me puse al habla con nuestra amable agencia de viajes y expliqué cuál era la situación. ¿Les resultaría en absoluto posible conseguirme una plaza de Heathrow a Jersey en el primer avión en que la hubiera? Dijeron que me volverían a llamar, de forma que pasé media hora dando vueltas a la habitación, comiéndome metafóricamente las uñas. Después sonó el teléfono. Era la agencia de viajes: quedaba justo una plaza en un vuelo que salía de Heathrow hacia las cinco y media. Les dije que telefonearan a Heathrow y advirtiesen que el billete lo recogería el doctor Oliver Graham Jones. Después telefoneé a Oliver para decírselo.

—Dios mío —respondió—. Eso no me deja mucho tiempo. Bueno, voy a hacer lo que pueda.

—Te voy a buscar al aeropuerto.

—Muy bien —dijo—. Lo único que espero es no quedarme cogido en un embotellamiento.

Cuando llegó, ya estaba yo esperándolo en el aeropuerto y me lo llevé a toda prisa al coche. Oliver tiene el pelo negro y unos ojos marrones muy grandes, y tiene todo el aspecto de ser uno de esos médicos de lujo de Harlkey Street, en lugar de cirujano veterinario. Mientras íbamos hacia el zoo le expliqué lo que había pasado hasta el momento. El cachorro seguía a medio salir, y Sheba seguía empujando, y evidentemente lo estaba pasando muy mal. Ya estaban alertados nuestros dos veterinarios, que habían traído el instrumental necesario, porque, como me había explicado Oliver por teléfono, quizá fuera necesario hacerle una cesárea para salvarle la vida. Cuando llegamos al zoo, ya estaban allí nuestros veterinarios con el instrumental. Se había instalado a toda prisa una mesa junto a la jaula de los leones, y encima se habían montado unos focos. Como teatro de operaciones era algo muy improvisado, pero era lo mejor que podíamos hacer en el tiempo de que disponíamos. Después, Oliver echó una mirada a su paciente, que, agotada de las contracciones, estaba echada en un rincón. Nos dio un rugido más bien patético.

—Sí —dijo Oliver—. No disponemos de mucho tiempo. Menos mal que logré llegar al avión.

Desempaquetó cuidadosamente la pistola de captura, que había traído consigo, y cargó la jeringa con el anestésico necesario. Después apuntó cuidadoso y disparó a Sheba. Sonó un «zonk» sordo cuando el dardo le dio en el flanco. Ella dio un saltito y miró hacia abajo, pero aparte de eso no pareció darse cuenta de nada. Al cabo de un momento, cuando empezó a surtir efecto el dardo, se puso en pie y dio unos trompicones por la jaula, y después volvió a echarse. Sacamos un palo largo y le dimos suavemente con él. No reaccionó, de forma que comprendimos que estaba inconsciente. Entonces fuimos al otro lado de la jaula y levantamos la puerta corredera para sacarla a rastras. Yo quería entrar el primero para atarle las patas, pero Oliver no quiso ni oír una palabra de eso. Explicó que a veces, con aquellos anestésicos, aunque el animal tenía todas las apariencias de estar inconsciente, podía despertarse unos segundos, pero lo suficiente para dejarlo a uno hecho un trapo. De forma que pasó él primero y después seguí yo. Le puso un palo en la boca y después le ató el hocico en torno al palo. Así no sólo se le ayudaba a seguir con la boca abierta para que pudiese respirar bien, sino que además si recuperaba el conocimiento no podría mordernos. Después le atamos las patas y procedimos a sacarla. Pesaba muchísimo, e hicimos falta seis para ponerla en la mesa. Oliver, cortés como un especialista de Harkley Street, preguntó al señor Blampied y al señor Begg si querían ellos realizar la operación. Con igual cortesía, dijeron que ya que había tenido la amabilidad de venir desde tan lejos, creían que los honores le correspondían a él. Lo primero que había que hacer era sacar al cachorro. Este proceso fue relativamente sencillo. Cuando más tarde se hizo el reconocimiento resultó algo de lo más peculiar. Era casi como si alguien hubiera puesto una bomba de bicicleta bajo la piel y la hubiera llenado de aire. Tenía todos los huesos blandos y fofos, y la cara deformada debido a aquel material generador de gases que había bajo la piel.

Lo siguiente fue afeitar cuidadosamente la zona a

ambos lados del estómago de Sheba, donde se había de realizar la incisión. Esto lo hicimos con unas tijeras eléctricas para el pelo que el señor Blampied se había traído en previsión. Una vez afeitada la zona, y cuando Oliver se lavó las manos y se las desinfectó, estuvo listo para iniciar la operación. Ya era bastante tarde y estaba oscureciendo, de forma que encendimos los focos que habíamos montado encima de la mesa. Su resplandor reveló que, al otro lado de la tela metálica de la jaula de los leones se habían reunido todos los empleados, todos ellos decididos a contemplar la operación. Pregunté a Oliver si le importaba que entrasen en la jaula para que pudieran ver más de cerca lo que pasaba, y Oliver dijo que le encantaría. De forma que fueron entrando uno por uno y formaron un semicírculo en torno a la mesa, y Oliver, a todo lo largo de la operación, fue comentando detalladamente lo que iba haciendo.

Primero le hizo una incisión longitudinal por el costado. En cuanto penetró en el propio estómago mismo, éste se desinfló con un ruido silbante y emitió el hedor más repugnante que jamás haya olido yo en mi vida. Oliver movía las manos rápida y diestramente. Ensanchó la incisión, como si no oliese en absoluto aquella peste, que había hecho palidecer un tanto a uno o dos de los empleados, y después metió suavemente las manos en el vientre de la leona y, uno por uno, sacó dos cachorros más. Estaban exactamente en el mismo estado hinchado y deforme que el primero. Colocamos los tres cachorros en un cubo para examinarlos más adelante, a fin de tratar de ver qué era lo que había ido mal. Después Oliver tuvo que sacar la placenta, lavar el interior y coser el vientre y la piel que lo recubría. Esta la regó con una capa espesa de polvos antibióticos, y después le puso una inyección de penicilina y estreptomicina como precaución adicional. Al llegar a este momento, la leona respiraba poco hondo, pero regularmente. Durante toda la operación se le había mantenido anestesiada por procedimientos normales, es decir, con una mascarilla en la boca y la nariz, mascarilla que controlaba el señor Blampied.

La deslizamos cuidadosamente de la mesa a una litera improvisada, la bajamos y la pusimos en una jaula que se había preparado especialmente para ella, y que era lo bastante grande para que se pudiera poner de pie, pero no para que pudiera moverse, pues lo que más temíamos era que tratara de levantarse demasiado de prisa y se le saltaran los puntos. Lo importante era que estuviese caliente para que no le diese una pulmonía, de forma que la tapamos con mantas y pusimos botellas de agua caliente por todas partes. La lengua y la boca, que con la anestesia naturalmente se le habían secado mucho, había que humedecérselas con glucosa y agua a intervalos frecuentes, lo cual significó que Geoff, que en aquella época era el encargado de los leones, se tuvo que pasar toda la noche en vela, rellenando las bolsas de agua caliente y manteniéndole húmedas la boca y la lengua. Hubo un momento en medio de la noche, cuando le pareció que no tenía bastante calor y no pudo encontrar nada mejor, en que incluso fue a sacar el edredón de su propia cama para ponérselo a ella. A la mañana siguiente parecía que la recuperación marchaba normalmente. Pudimos obtener un reflejo ocular, y era obvio que estaba semiconsciente, aunque no lo bastante consciente para que pudiera hacer nada grave si nos atacaba.

Examinamos en la Universidad de Leeds, la muestra que le habíamos sacado del vientre, y allí aislaron una forma muy poco frecuente de organismo generador de gases, el *Clostridium sordellii.* Según parece, es un organismo que se puede encontrar en la tierra, y se halla muy a menudo en el ganado vacuno, pero hasta ahora no se había encontrado en ningún miembro de la familia de los felinos.

Después de terminada la operación me llevé a casa al equipo de veterinarios, a tomar una copa, antes de llevar a Oliver a su hotel.

—Dime —me preguntó—, ¿cuántos de tus subordinados han asistido a la operación?

—Todos ellos —respondí—, incluso los que tenían el día libre.

—Dios mío —dijo Oliver—. Ojalá fueran tan entusiastas en Londres. Dudo que hubiera venido ni uno solo para verme hacer una operación así. Y sin embargo, tú lograste que vinieran todos ellos.

—Yo no *logré* que vinieran todos —expliqué—. Vinieron por su propia iniciativa.

—Notable —dijo Oliver—. Trata de que sigan así, ¿quieres?

—Eso es, precisamente lo que me propongo hacer —dije.

Y espero haberlo hecho.

Cuando Sheba se recuperó del todo, decidimos tenerla separada de Leo por lo menos seis meses, porque no queríamos que se volviera a quedar preñada demasiado pronto después de una operación tan grave. Cuando por fin volvimos a ponerlos juntos se alegraron mucho de volverse a ver, y prácticamente enseguida, Sheba volvió a quedar preñada. Naturalmente, la observamos con la mayor ansiedad, pero para entonces yo había enviado a pedir a los Estados Unidos una pistola de captura y ya nos había llegado ésta, de forma que estábamos convencidos de que si algo iba mal, por lo menos no tendríamos que sacar a Oliver de su zoo de Londres. Sheba tuvo dos cachorros gordos y sanos sin la menor dificultad, y todos dimos un hondo suspiro de alivio. Pero todavía no había terminado su drama. Cuando los cachorros fueron lo bastante grandes para separarlos de ella, Sheba se volvió a quedar preñada.

Como acababa de parir dos cachorros de forma perfectamente normal, estábamos seguros de que también esta vez todo iría bien. Pero cuando estaba a punto de tener los cachorros volvió a atacarla aquel organismo generador de gases, y una vez más tuvimos que pasar por todo el proceso. La anestesiamos con la pistola de captura y después el señor Blampied y Tommy Begg le hicieron la cesárea y extrajeron dos cachorros, ambos con el mismo aspecto extraordinariamente hinchado que los primeros que había tenido. Se le dieron los puntos a Sheba, junto con las inyecciones habituales de penicilina y demás, y se la volvió a trasladar a la jaula que había ocupado tanto tiempo. Todo parecía marchar de forma satisfactoria cuando un día, para gran horror nuestro, hizo lo único que esperábamos que no hiciese y contra lo que no podíamos protegerla. Aunque la jaula era larga y estrecha, podía ponerse en pie y moverse algo. Por la noche debía haber tratado de ponerse en pie y empezar a dar vueltas, y en consecuencia se le habían saltado todos los puntos.

Una vez más hubo que dejarla inconsciente y volver a ponerle los puntos. Era una tarea dificilísima, porque cuando le saltaron los primeros puntos le habían desgarrado toda la piel a lo largo de los bordes de la herida, de forma que para volver a cerrar aquel hueco había que hacer unos puntos enormes, algunos de una anchura de más de diez centímetros, a fin de encontrar carne y piel, lo bastante firmes en que afirmar los puntos. Una vez terminado esto le dimos los antibióticos de siempre y la volvimos a meter en la jaula. A la mañana siguiente estaba lo bastante recuperada como para que se le pudiera dar agua y glucosa. Además, le pusimos otra inyección de penicilina y un «gota a gota». Pero a mediodía parecía respirar de forma rara, y pese a que se le administró un estimulante cardíaco, Sheba murió. Naturalmente, todos nos sentimos muy desilusionados, pero consideramos que habíamos hecho todo lo posible por salvarla. Sencillamente es que la tercera operación era más de lo que podían resistir sus fuerzas.

4. El señor D. y la señora D.

Estimado señor Durrell:
El otro día entró volando en la sala un pájaro carpintero y empezó a hacer un agujero en mi reloj de pared. ¿Es frecuente que pasen cosas así?

Creo que fue Edgar Wallace quien dijo que si un hombre tenía un apodo era señal de cierta estima, pero que si tenía dos o más era señal de que no era un tipo agradable. Que yo sepa, Jacquie y yo no tenemos más que un apodo en el zoo, si es que puede considerarse como tal: todo el personal nos llama señor D. y señora D. Creo que esto lo inició Shep Mallet.

Shep, con su pelo rizado, sus ojos azules y su sonrisa ancha y encantadora, es sin duda nuestro empleado masculino más guapo. En todo el tiempo ha roto más corazones que nadie, y prácticamente todas las chicas que han trabajado en el zoo en la sección de aves ha sucumbido a sus encantos. De hecho, recuerdo una chica que se había enamorado tanto de él que fue a ver a Jeremy para decirle que no podía soportar el seguir trabajando en el zoo si Shep no le devolvía su afecto. Como eso era imposible, consideraba que debía marcharse. Cuando le contaba todo esto a Jeremy, sollozó de repente:

—¡Ay, señor Mallinson, le quiero tanto que creo que voy a vomitar!, salió corriendo del despacho de Jeremy y, efectivamente, vomitó en el mismo pasillo. Como Shep se llama Juan de segundo nombre, muchas veces me he preguntado por qué nunca le pusimos Don Juan, pero se convirtió en Shep y en Shep se quedó, y es el que se encarga de toda nuestra colección de aves, que es bastante grande.

En general, las aves, no parecen exhibir tanta personalidad como los mamíferos, pero varias veces hemos tenido un gran número de pájaros con personalidades propias y muy distintas. Creo que, quizá, el mejor ejemplo de esto fuera Trumpy, el trompetero de alas grises de Sudamérica. Los trompeteros son aves del tamaño aproximado de una gallina, con una frente muy despejada, lo cual indica gran inteligencia, y unos ojazos líquidos. Como Trumpy estaba muy domesticado, se le permitía corretear en libertad por el zoo, y una de las cosas que solía hacer era dar la bienvenida a los recién llegados. Es decir, cuando llegaba un animal nuevo, iba a quedarse junto a su jaula, o preferiblemente dentro de ella, durante 24 horas, hasta que consideraba que ya se sentía en casa, y después se iba a otra parte.

Se aficionó a volar por encima de la valla y meterse con los dos pingüinos que teníamos entonces. Se lo aguantaron todo lo posible, y después un día se revolvieron contra él y uno de ellos, por un golpe de suerte, lo tiró a la piscina. Naturalmente, Trumpy no era un ave acuática, de forma que los pingüinos lo tenían a su merced. Lo encontramos flotando en la superficie, sangrando mucho por varias heridas de feo aspecto, y creímos que de verdad lo habíamos perdido. Inmediatamente todo el zoo se puso a lamentarlo. Pero lo curamos y al día siguiente Trumpy, con unas cuantas plumas de menos y unas cuantas cicatrices de más, volvió a su ser acostumbrado y se puso a correr solemne por el terreno y a saludar a todos.

Era Trumpy el que solía acompañar a los últimos visitantes hasta la puerta, y una vez incluso se subió al autobús con ellos, para asegurarse de que estaban bien encaminados. El final de Trumpy fue de lo más inesperado que cabía imaginar, y afectó muchísimo a Shep, por ser el encargado de las aves. Un día, al entrar en el pabellón de los mamíferos, llevaba al hombro un saco grande y pesado de serrín. Sin que él lo supiera, Trumpy iba trotando, como tenía por costumbre, a sus talones. Shep, sin mirar, descargó su saco de serrín al llegar a la jaula correspondiente. Trumpy estaba inmediatamente debajo y murió instantáneamente. A todos nos apenó mucho, pero desde entonces hemos conseguido dos Trumpis más a los que también se les permite corretear en libertad. Hasta ahora no han desarrollado una personalidad como la del primero, pero espero que con el tiempo la tengan.

Otro gran personaje era Dingle, una chova piquirroja. Estos extraños miembros de la familia de los cuervos son negros con las patas rojas y tienen un pico escarlata largo y curvado. Cuando Dingle era un pollito lo habíamos criado nosotros mismos, de forma que era mansísimo. A su llegada entre nosotros lo tuvimos algún tiempo en casa, pero cuando rompió su octavo cristal decidimos que había llegado el momento de desterrar a Dingle a una de las pajareras del exterior. Pero era un pajarito entrañable, y lo que más le gustaba era que le rascaran la cabeza, momento en que acurrucaba en el suelo, o en el halda de uno, cerraba los ojos y meneaba las plumas sumido en éxtasis. Le gustaba mucho sentarse en el hombro de Jacquie y pasarle el pico suavemente por el pelo, es de suponer que con la esperanza de hallar algún piojo de campo u otra golosina por el estilo, y un día, cuando estaba sentado en el mío, y yo no me concentraba en lo que hacía, me metió un pedazo de papel en la oreja —es de suponer que en una tentativa frustrada de hacerse un nido–, e hizo falta un par de pinzas para volver a sacármelo. Dingle no estaba resentido porque se le hubiera desterrado a la pajarera, y todavía viene a hablar conmigo y a que le rasque la cabeza por la tela metálica.

En cuanto a aves parleras, tenemos muchas. Tenemos un loro, llamado Soocoo, que se dice a sí mismo: «Buenas noches, Soocoo», cuando se apagan las luces a última hora de la noche. Y tenemos a Ali, la *myhah* papúa de las colinas, que sabe decir «¿Dónde está Trigger?» y «¡Hay que ver, qué buen chico!». Pero probablemente, quien mejor habla de todos es un pájaro *myhah* más chico, llamado Dospeniques. Cuando va uno a la jaula de Dospeniques y habla con él, se ríe y cloquea, y si se le pasa el dedo por la tela metálica y se le acaricia la barriga cierra los ojos y dice: «¡Ay, qué bien! ¡Ay, qué bien!».

Me ha preguntado mucha gente si creo que las aves parleras saben de verdad lo que dicen. No estoy seguro del todo qué contestarle. Tomemos, por ejemplo, a Dospeniques. Dice: «¡Ay, qué bien!», cuando se le rasca, porque, es de suponer, es lo que le decían sus anteriores dueños cuando le rascaban, y relaciona esos sonidos con el acto del rasquido. Pero un día hizo algo que casi me hizo creer que sabía lo que estaba diciendo. Estaba el señor Holley, nuestro anciano y respetadísimo jardinero, recortando un arbusto cerca de la jaula de Dospeniques cuando de pronto carraspeó y escupió. Inmediatamente, Dospeniques, con su voz clara y penetrante, dijo: «Viejo cochino». Al señor Holley aquello lo divirtió mucho, y se pasó el resto del día riéndose solo.

Como se sabe, son muchas las historias que se cuentan de los loros, la mayor parte de las cuales son muy sospechosas. Pero conozco dos en las que parecía que el loro estaba haciendo algo más que repetir sonidos que se le habían enseñado. La primera trataba de un loro que era propiedad de unos amigos míos que vivían en Grecia. A este loro lo sacaban todos los días y lo ponían en su jaula, a la sombra de los árboles. Un día, un campesino había atado a su burro al otro lado del arbusto y, poco después, como suelen hacer los burros, éste había alzado la cabeza y lanzado un rebuzno lúgubre que se alargó y alargó y terminó con ese gran ronquido que dan los burros cuando han terminado sus solos. El loro había escuchado todo esto con gran atención y la cabeza echada a un lado, y en cuanto el burro terminó de rebuznar dijo con toda claridad y en tonos interrogantes: «¿Qué pasa, guapo?».

La otra historia de loros es la de un papagayo gris africano que tenía un amigo mío en su casa de Atenas. Tenía un vocabulario amplísimo —claro que en griego—, y sus propietarios estaban muy orgullosos de él. Esto pasaba en la época en que se solía «recibir», es decir, que una vez por semana todos los amigos de uno sabían que podían presentarse a tomar el té; esto era hacia principios de siglo. Un día de los que «recibían», la conversación empezó a girar en torno al loro y su vocabulario. Uno de los asistentes insistía en que el loro no sabía hablar en absoluto. Se limitaban a hacer ruidos ininteligibles, y sus orgullosos propietarios exclamaban inmediatamente: «¡Fíjate lo que ha dicho el loro! Ha dicho que esto y que lo otro». Con la taza de té en una mano y un trozo de pastel en la otra, fue a la percha del loro y le dijo: «¿A que no sabes hablar, eh, Polly?». Ante lo cual el loro se lo quedó mirando un momento y después, con ese extraño aire de camaleón de los loros, fue bajando por la percha hasta llegar a su lado, echó la cabeza a un lado y le dijo con tonos claros e inconfundibles: «Bésame el culo». El efecto para el grupo fue de escándalo asombrado. El loro nunca había usado esa frase hasta entonces y, de hecho, nunca volvió a utilizarla, pero la había dicho con toda claridad, y eso no podía discutirlo nadie. Pero en quien tuvo un efecto más divertido fue en aquel hombre, que depositó la taza de té y el pastel, tomó el sombrero y el bastón y, pálido de ira, se marchó de la reunión, diciendo que no estaba dispuesto a quedarse en una casa en la que se insultaba a los invitados.

Por lo general, es en el invierno cuando las aves nos causan más preocupaciones que todos los demás animales juntos, especialmente las que viven en recintos o en pajareras, pues a éstas hay que vigilarlas atentamente para tener la seguridad de que no les afecta el frío, o lo que es peor, de que no se hielan. Cuando le dan sabañones graves a un flamenco, por ejemplo, o algún ave parecida, pueden hacer que sea necesario amputarle varios dedos. El peor invierno que jamás hemos sufrido fue el de 1962 a 1963. Fue algo sin precedentes en la historia de Jersey. Había más de medio metro de nieve en el suelo, y el propio suelo estaba helado hasta una profundidad de otro medio metro. Además de todos nuestros pájaros de los que preocuparnos, constantemente nos traían grupos enteros de aves silvestres que estaban agotadas por falta de comida. Había estorninos, petirrojos, tordos, grajos, de todo, en una corriente inagotable. Hicimos lo único posible, que fue cerrar las pajareras totalmente al público —aunque tampoco había mucho público con un tiempo así— y soltar en ellas todos los pájaros silvestres que nos habían traído. Por lo menos allí hacía calor, y en el suelo íbamos echando montones de comida. Hubo un momento en que había allí por lo menos 40 fochas y 25 gallinas de agua, un avetoro y dos cisnes, además de muchos pájaros más pequeños, todos sueltos al mismo tiempo en la misma pajarera reducida. Fue en aquel invierno gélido cuando un día llamaron a la puerta principal. Cuando fui a abrir, allí, en el escalón, estaba un personaje con el mayor aire de vagabundo que se pueda imaginar. Tenía unas patillas larguísimas, era evidente que hacía muchísimo tiempo que no se afeitaba, y parecía que no se hubiera lavado en sus 19 años de vida. Debajo de cada brazo llevaba un par de fochas.

—Hale, amigo —me dijo—. ¿Puede usted ayudar en algo a estos pobres pajaritos?

Si dijera que me sentí asombrado me quedaría corto. Tomé a los pájaros, los examiné y vi que ambos tenían heridas de escopeta, pero que no eran demasiado profundas, meras heridas superficiales que no tardarían en curarse. Pero estaban muy débiles y delgados. Miré al vagabundo de forma acusadora.

—¿Ha estado usted cazando por ahí? —pregunté.

—No —dijo—. No he sido yo. Ha sido uno de esos gabachos. Vi que tumbaba a estos dos y que los pobrecillos no estaban muertos, de manera que fui y los agarré. Después le quité la escopeta y le dije que se largara de aquí. No creo que vuelva a cazar hasta dentro de mucho.

—Bueno, pues desde luego que haremos lo que podamos por ellos —dije yo—. Muy amable por su parte traérmelos. Ya tenemos cuarenta más.

—Ah, bueno, eso es problema suyo, amigo mío —dijo despreocupado—. En todo caso, muchas gracias.

Y se fue a trompicones por la nieve. Pensé, al ver cómo se alejaba, en lo equivocado que es juzgar a la gente por su aspecto. De haber tenido que ir a verlo en uno de esos grupos de la policía, creo que es el último al que hubiera seleccionado como poseedor de un corazón de oro bajo aquel exterior cochambroso.

Otro caso que casi nos afectó, fue cuando naufragó el *Torrey Canyon,* aquel petrolero, que causó tal clamor en los periódicos y señaló a la atención del público los graves peligros de la contaminación por petróleo, especialmente para las aves marinas. Día tras día seguimos ansiosamente las noticias de aquella mancha gigante de petróleo. Y después, para horror nuestro, la marea y el viento empezaron a llevarla hacia las Islas del Canal de la Mancha. Venía en nuestra dirección. Yo sabía que si nos llegaba, no sólo significaría el final de las colonias de alcatraces y frailecillos de las Islas del Canal, sino que además debíamos prepararnos a hacer frente a la llegada de centenares, por no decir millares, de aves marinas llenas de petróleo. Por más que tuviéramos toda la mejor voluntad del mundo, en el zoo no había espacio, para atender a más de 40 ó 50. Algo había que hacer, y había que hacerlo rápidamente, de modo que telefoneé al Refugio de Animales, que es el equivalente local de la Real Sociedad para la Prevención de la Crueldad contra los Animales, y les dije lo que, a mi juicio, iba a pasar. Dijeron que ellos podrían encargarse de otros 40 ó 50 pájaros. Evidentemente, con eso no iba a bastar para hacer frente al holocausto que me imaginaba yo, de modo que telefoneé a Saranne Calthorpe y le pregunté si quería venir a verme para formar algún tipo de plan de campaña. Así lo hizo, y en muy poco tiempo, como si fuera una brillante generala, tenía organizada a toda la isla.

Pusimos en el despacho un mapa de la isla a gran escala, en el cual colocamos alfileres con cabezas de distintos colores en diferentes lugares. Unos indicaban dónde irían los equipos de búsqueda a recorrer a intervalos periódicos las playas y las caletas, otros indicaban los puntos donde recoger a las aves, y otros alfileres indicaban los sitios a los que íbamos a llevar a las aves. Todo el mundo se sumó a la tarea con gran entusiasmo. Tanto los Exploradores como las Exploradoras y los Exploradores del Mar intervinieron en las patrullas, al igual que varios particulares que tenían tiempo libre. Varias personas con camionetas o coches actuaron de oficiales de transportes, y encontramos muchos cobertizos y establos donde llevar a los pájaros. En un caso encontramos un hotel cuyo encargado muy amablemente nos prestó su piscina, que, una vez rodeada de tela metálica, podía alojar hasta a 200 pájaros. Después nos quedamos esperando decididos a que nos llegara la mancha de petróleo. Pero, por un capricho del destino, cambiaron los vientos y las corrientes, y aunque la cola de la mancha rozó levemente a una o dos de las Islas del Canal, la mayor parte pasó de lado y se dirigió a la costa de Francia. Creo que, en total, no tuvimos que ocuparnos más que de una docena, más o menos, de pájaros, de forma que todos nuestros preparativos habían sido en vano, pero por lo menos consideramos que de haber surgido la urgencia habríamos estado preparados para hacerle frente. Cuando la mancha de petróleo llegó finalmente a la costa de Francia, dio la sensación de que los franceses no estaban preparados en absoluto, y en consecuencia murieron millares de aves marinas.

Un buen día de primavera me sentía yo de ánimo especialmente benévolo y me fui a buscar a Shep. Cuandoquiera que no se podía encontrar a Shep por el sistema de telefonillos interiores que teníamos por todo el zoo, se sabía perfectamente dónde encontrarlo: estaría en lo que llamábamos el prado de Shep. Es un prado regado muy grande, junto a donde están los cisnes, un prado que va en pendiente hacia el sur, de forma un tanto curvada, al borde del cual corre un arroyuelo. Shep había hecho en este arroyuelo una serie de pequeñas presas, y allí era donde se dedicaba a criar sus pájaros. En aquellos embalses se reproducían sus patos y sus gansos y en los terrenos más altos sus faisanes. Bien, pues de todas las aves, las favoritas de Shep eran los faisanes, y aquel año concreto le había ido muy bien con ellos. Bajé al prado al sol de la primavera. Se escuchaba la cacofonía de todos los días: los cloqueos de los gansos, el cuá-cuá de los patos, los gorgoritos chillones de las crías de faisán en sus jaulas, mientras sus madres adoptivas, gallinas o pollitas según el tamaño de las crías, cloqueaban orgullosas a su alrededor. Me encontré con Shep que silbaba animado y a solas, mientras su alsaciano y su schnauzer miniatura le corrían a los talones, contemplando una jaula llena de bolitas de plumas que corrían adelante y atrás, entre las patas de una gallina, mientras ésta cloqueaba bajito y picoteaba, lo que encontraba por el suelo.

—Buenas —grité en cuanto vi que me podía oír, y Shep se dio la vuelta a mirarme.

—Buenas, señor D. —dijo—. Venga a ver éstos.

—¿Qué son? —pregunté, porque la mayor parte de las crías de faisán resultan muy parecidas al primer vistazo, y por lo general me resultaba muy difícil distinguir unas de otras.

Fui a contemplar aquellas bolas animadas de plumón mientras se agitaban en torno a su madre adoptiva.

—Son los Elliots —dijo Shep orgulloso—. Salieron del cascarón anoche. Estaba dejando que se secaran antes de ir a decírselo a usted.

—¡Estupendo! —me entusiasmé, porque los faisanes de Elliot son una de las especies que están en la lista de las amenazadas, y es muy posible que se hayan extinguido en estado silvestre.

—Han salido bien ocho, y había ocho huevos —dijo Shep—. Nunca me había imaginado una proporción así.

—A mí me parece que están bien.

—Bueno, hay uno que parece un tanto frágil, pero creo que se las va a arreglar —dijo Shep.

—He venido a darte una noticia —comencé—. He decidido que como te ha ido tan bien este año, estoy dispuesto a comprarte cualquier pareja de faisanes que salga al mercado, que te gusten y te interesen. No es que el zoo ni la Fundación vayan a comprarlos. Los compro yo personalmente, como señal de cuánto estimo tus nobles esfuerzos.

—Hombre, ¿de verdad? —dijo Shep—. Se lo agradezco mucho, señor D.

Poco sabía yo, cuando hice aquella imprudente observación, lo que me esperaba.

Todas las mañanas, cuando se clasifica el correo, aparecen las inevitables listas de agentes de diferentes partes del mundo, que nos dicen los animales que tienen en venta. Estas se apilan en mi escritorio y yo las ojeo, con especial atención a lo que haya de especialmente extraordinario e interesante para la Fundación. Aquella mañana concreta estuve ojeando las listas, pero por casualidad no advertí lo que venía en una especial. Devolví todas las listas a la oficina principal, donde a su vez las ojearían todos los empleados. Al cabo de un rato llamaron a la puerta y cuando grité «¡Adelante!», apareció la cara de Shep en el marco de la puerta.

—¿Puedo verlo a usted un momento, señor D? —preguntó. Estaba pálido y tenso, completamente distinto de su comportamiento habitual, tan animado.

—Entra —dije—. ¿Qué problema hay?

Entró con la lista de un agente en una mano, y cerró la puerta.

—¿Ha visto esta lista? —preguntó en voz baja.

—¿Cuál es?

—La de Jabira.

—Sí, ya la he visto —dije—. Bueno... ¿Por qué? ¿Qué es lo que tiene?

—¿No lo ha visto? —preguntó él—. Faisanes de cuello blanco.

—¿Estás seguro?

—Segurísimo —dijo Shep—. Mire... aquí.

Me la puso en el escritorio y me los señaló. Efectivamente, allí decía: «Se esperan en breve faisanes de cuello blanco». No se citaba el precio. Aquello era un indicio ominoso, pues por lo general significaba que el animal de que se trataba era caro. Y yo sabía perfectamente que los faisanes de cuello blanco iban a serlo. En primer lugar, son de los faisanes con orejas de mayor tamaño y más espectaculares. En segundo lugar, es probable que ya se hayan extinguido en estado silvestre. Y, en tercer lugar, que se supiera no había más que siete de estas aves en cautividad en todo el mundo, y la mayor parte de ellas estaban en los Estados Unidos. Di un suspiro. Sabía perfectamente que se trataba de aves que debía tener la Fundación, y también recordaba mi promesa a Shep del día anterior.

—Bueno —dije, resignado—, más vale que les telefonees inmediatamente, porque los otros zoos se van a lanzar encima de ellos como comadrejas detrás de un conejo. Pero, Shep, debes comprender que el precio tiene que ser razonable. No puedo pagar una barbaridad por ellos.

—Ah, no —dijo él—. Eso ya lo comprendo.

Fue al teléfono y al cabo de poco rato estaba al habla con Holanda.

—¿El señor van den Brink? —preguntó, con la voz temblorosa de emoción—. Le telefoneo para hablar de esos faisanes de cuello blanco de su lista.

Se produjo un largo silencio mientras Shep escuchaba lo que le decía van den Brink.

—Ya entiendo —contestó—; ya entiendo.

Me volvió la mirada implorante y puso la mano encima del micrófono del teléfono:

—Todavía no le han llegado, pero están en camino. Y pide 250 libras por cada uno.

Gemí para mis adentros, pero una promesa es una promesa.

—Vale —repliqué—. Dile que nos mande una pareja.

—Señor van den Brink —dijo Shep con voz temblorosa—, mándenos una pareja. ¿Querrá usted reservarnos una pareja por favor? Sí, exacto, Parque Zoológico de Jersey... ¿Y nos advertirá usted? ¿Nos avisará usted antes de que salgan, verdad?... Ya, ya entiendo, vendrán vía París... Eso nos va perfectamente. Muchísimas gracias. Adiós.

Colgó el teléfono y empezó a dar zancadas arriba y abajo del despacho.

—Bueno, ¿y ahora, qué diablos te pasa? —le pregunté—. Ya te he dicho que puedes contar con tu pareja. ¿Por qué te pones tan triste?

—Bueno... bueno, es que creo que no resulta seguro tener sólo una pareja —soltó Shep de golpe.

—Bien, muchacho, escucha —observé—. Acabo de gastarme quinientos billetes en una pareja de faisanes para ti solito. De verdad que no puedo permitirme comprar otra pareja.

—¡No, no! No me refiero a *usted* —dijo Shep—. Me refiero *a mí*. ¿Me permitiría usted comprar otra pareja? Sería mucho más seguro contar con dos machos y dos hembras.

—Pero, Shep —protesté— ¡son quinientos billetes! ¿Tienes tanto dinero?

—¡Pues claro! —dijo Shep, impaciente—. Claro que... claro que tengo ese dinero. Es que... Bueno, ¿me permite usted que los compre?

—Claro que te permito que los compres, si quieres gastarte tu propio dinero en eso —dije—. Pero es un montón de dinero.

—Es mucho peligro no tener más que una pareja y perder el macho o la hembra —replicó Shep—. De manera que, ¿me deja?

—Pues claro que te dejo, pero más vale que telefonees inmediatamente.

Y al cabo de unos minutos estaba otra vez al teléfono:

—¿Señor van den Brink? Le llamo por lo de esos faisanes de cuello blanco de usted... Hemos decidido pedirle dos parejas en lugar de una... Sí, dos parejas... Gracias, muchas gracias. Adiós.

Volvió a colgar el teléfono y me miró con la alegría pintada en el rostro.

—Ahora, con dos parejas, deberíamos estar en condiciones de hacer algo —dijo.

Pero la compra de los faisanes no fue más que el principio de la cosa, pues ahora había que construirles dos pajareras en terreno virgen, es decir, en terreno en que no hubiéramos tenido aves antes, para no correr el riesgo de que hubiera quedado algo infeccioso en el suelo. Así lo hicimos, y esperamos impacientes la llegada de los faisanes. Pasaron semanas y semanas, y telefoneábamos periódicamente al Sr. van den Brink, que presentaba sus excusas más compungidas, pero como las aves tenían que llegar desde Pekín, pasar por Moscú y Alemania Oriental, y de ahí ir a París antes de llegarnos a nosotros, resultaba un procedimiento de lo más complicado. Trataría de que nos llegaran lo antes posible. Y por fin llegó el gran día en que nos telefoneó para decirnos que ya habían llegado a Berlín Oriental y saldrían de allí al día siguiente. Shep estuvo extraordinariamente agitado aquel día, sin poderse concentrar en ninguna conversación con nadie. Estaba esperando, hecho un manojo de nervios, a ver en qué estado se hallaban los faisanes de cuello blanco, a su llegada. Por fin nos los trajeron del aeropuerto. Quitamos la tela de saco de la delantera de cada jaula y vimos a nuestras dos parejas de faisanes de cuello blanco: unas aves preciosas, blancas, enormes, con largas colas como fuentes de plumas blancas, mejillas de color escarlata y crestas negras. Eran increíblemente bonitas, y nos quedamos encantados con ellas. Después llevamos cuidadosamente las jaulas a las dos pajareras que les habíamos construido y soltamos una pareja en cada pajarera.

Tres de las aves eran extraordinariamente animadas, y Shep dijo que le daba la impresión de que debían ser animales atrapados en estado silvestre, y no criados en cautiverio. En cambio, la cuarta de las aves era extraordinariamente dócil. Era uno de los machos. De hecho, tan dócil era que empezamos a sentir sospechas. Pero Shep les dio de comer y les dio agua, y como estaban tan nerviosos, les tapamos la pajarera con unas arpilleras, para que no se asustaran al ver al público pasar cerca de ellos. A la mañana siguiente fuimos Shep y yo a mirarlos, y el macho dócil estaba todavía más dócil, tan dócil era que empezamos a sentir sospechas. Pero Pero mientras telefoneábamos a Tommy Begg a ver qué opinaba, se murió el faisán. Llegó Tommy, que le hizo la autopsia inmediatamente, y pronto descubrimos la causa de la muerte. El ave tenía los pulmones absolutamente enfermos de aspigilosis. Se trata de una forma especialmente virulenta de hongos nocivos que, cuando ataca a los pulmones, se difunde a una rapidez vertiginosa, y para la cual no existe cura conocida. El pájaro, incluso en aquel estado, podría haber sobrevivido unos años, pero aquel viaje tan arduo y tan largo le había resultado demasiado. Había recrudecido la enfermedad pulmonar, y a consecuencia de ello había muerto el ave.

—Creo que tuviste una buena idea al pedir dos parejas —dije a Shep en tono sombrío.

—Sí —contestó—. Sabe usted, tenía la sensación de que podía pasar algo así. ¿No habría sido terrible si se tratara del macho de la única pareja que nos hubieran enviado?

Yo no podía estar más de acuerdo con él.

Ahora nos quedaban dos hembras y un macho, pero que pudiéramos ver, los tres estaban en perfecto estado, de forma que teníamos grandes esperanzas de que pudieran reproducirse. Tuvieron todo el verano y el invierno siguiente para adaptarse y para la primavera estaban relativamente mansos. Al macho parecía gustarle una de las hembras más que la otra, de forma que pusimos a los dos juntos en una pajarera y dejamos aparte a la hembra impar. De pronto, una mañana, Shep llegó corriendo a mi despacho llevando en brazos a la faisana hembra de cuello blanco.

—¡Dios mío! —exclamé—. ¿Qué ha pasado? ¿No se habrá roto la cabeza, verdad?

Porque los faisanes tienen la costumbre, cuando se asustan, de echarse a volar hacia arriba como cohetes y darse con las cabezas en el techado de tela metálica de las jaulas, con lo que a veces se matan del golpe.

—No, es algo peor —dijo Shep—. Es que no le sale el huevo.

Evidentemente, la faisana llevaba algún tiempo tratando de poner un huevo, y se hallaba totalmente agotada. Le dimos algo de glucosa con agua y telefoneé a Tommy Begg. Me dijo que le pusiera una inyección de penicilina y que después intentase todos los remedios normales para lograr que saliera el huevo intacto. De forma que le pusimos la inyección y, después, con la ayuda de aceite, vapor de una tetera llena de agua hirviente, y todo lo que pudimos imaginar, tratamos de extraer el huevo. Pero todo en vano. No cabía hacer más que una cosa, y ésta era romper el huevo dentro e irlo sacando trocito a trocito, procedimiento peligrosísimo que además podía inducir una peritonitis, como sabíamos todos. Logramos sacar el huevo con todo su contenido, y le dimos una pequeña irrigación de agua caliente por si acaso quedaba dentro algún trocito que hubiera escapado a nuestra atención. Después la pusimos en un cajón a oscuras en un sitio caliente y la dejamos allí para que se recuperase, esperábamos. Pero al cabo de dos horas había muerto. Shep y yo nos quedamos contemplando su cadáver.

—Bueno —dije, tratando de ver el lado bueno de las cosas—, de todos modos todavía nos queda una pareja.

—Sí —dijo Shep—. Supongo que nos queda una pareja. Pero ya sabe usted que a él no le gusta la hembra.

—Bueno, pues *tendrá* que gustarle y aguantarse —contesté.

De manera que los pusimos en compañía. Era ya demasiado tarde para que se apareasen aquella temporada, de forma que esperamos ansiosos a la primavera siguiente. Para entonces se habían acostumbrado bastante el uno a la otra, y el macho parecía dar indicios de afecto por la hembra. Pero una mañana llegó Shep al despacho, con el gesto más sombrío que podía poner.

—Otra vez los cuellos blancos —dijo.

—¡Dios mío! ¿Otra vez? —exclamé—. ¿Qué les pasa ahora?

—Venga usted a verlo —me respondió.

Fuimos andando a las pajareras y miramos en ellas. Allí estaba el macho, que cojeaba tanto, que por un momento temí que se le hubiera roto una pata. Fue Shep quien supuso que durante la noche algo lo había asustado y había salido volando hacia el techo, y al caer hacia atrás se habría cogido uno de los dedos en la tela metálica y se le había producido un desgarro en los músculos del muslo, quizá con lesiones también en los nervios. Shep y yo nos miramos y ambos comprendimos lo que pensaba el otro. El faisán macho, si no dispone del uso de ambas patas, encuentra muy difícil, por no decir imposible, montar a la hembra. Si no le podíamos curar la pata, parecía que no teníamos la más mínima posibilidad de lograr que los faisanes de cuello blanco se reprodujeran. Muy desanimados atrapamos al macho y yo le examiné la pata y el muslo. No tenía dislocada la cadera, ni tenía roto ningún hueso, de forma que nuestro diagnóstico inicial de que fuera una torcedura nos daba una cierta esperanza de que pudiera curarse. Le pusimos una inyección de D.3, producto que habíamos visto efectuaba curas milagrosas en la parálisis que a veces afecta a las extremidades traseras de los monos, y observamos si progresaba de un día para otro. Pero no parecía mejorar; no hacía más que cojear por la jaula, sin apenas tocar el suelo con los dedos, y eso únicamente con las puntas, justo lo necesario para no perder el equilibrio. Yo nunca le dije nada a Shep, y Shep nunca me dijo nada a mí, pero ambos, en el fondo de nuestro corazón, estábamos convencidos de que nuestros esfuerzos por reproducir a los faisanes de cuello blanco estaban condenados al fracaso.

5. Leopardos en los lavabos

Samuel John Aliru
C/o Phillip Ansumana
R.C. School
Bambawullo

Muy señor mío:

Por éste le ruego por favor que revele mi película Kodak 221, que se la estoy ahora enviando con mi hermano Phillip Ansumana. Si puede usted hacer revelado y después positivado, se lo pido por favor.

Hubiera ido yo con él, pero ahora estoy componiendo una canción y que se la espero llevar la semana que viene.

Yo también soy estudioso y voy a la Escuela Secundaria de Wesley, en Sezbwema.

Le saluda atentamente,
Samuel John Aliru
Repondez s'il vous plait

Llevaba yo desde hacía mucho tiempo tratando de persuadir a la BBC para que filmase una expedición de captura de animales, pero la BBC actuaba con gran miopía a este respecto. Yo intentaba convencerlos de que lo fascinante de la expedición no era únicamente la captura de los animales, sino también su mantenimiento, y después el viaje de regreso por mar. Consideraba que era material excelente para una película. Pero se lo estuvieron pensando un año más o menos antes de decir por fin que sí. Aquello me encantó, pues a mi juicio sería excelente para la Fundación. En primer lugar, ésta recibiría mucha publicidad; en segundo lugar, la Fundación obtendría animales útiles para su colección; y en tercer lugar, aunque hasta entonces había tenido yo mismo que buscar el dinero para todas mis expediciones, la BBC por lo menos me ayudaría con la financiación de ésta. Aunque por aquel entonces a la Fundación ya le iba muy bien, no podía permitirse empezar a derrochar en viajes de captura.

Primero pensamos en ir a Guyana, pero la intranquilidad política que había en el país en aquella época, hacía que nos pareciera un lugar poco prudente que escoger. Una vez me había visto en medio de una revolución y me vi obligado a abandonar a la mitad de mis animales, y no quería que volviera a ocurrir esto en medio del rodaje de una película para la BBC. Tras pensarlo algún tiempo, me decidí por Sierra Leona. Era una parte de Africa occidental que nunca había visitado, contenía algunos animales especialmente raros que le vendrían bien a la Fundación, y además daba la casualidad de que me gustaban mucho Africa occidental y sus habitantes. Me encantó cuando la BBC me dijo que el productor sería Chris Parsons. Este era un viejo amigo mío y ya había trabajado antes con él; de hecho habíamos hecho juntos un viaje monstruo por Malaya, Australia y Nueva Zelanda, y lo conocía y me llevaba magníficamente con él. De manera que fui a Bristol y formulamos nuestros planes. Decidí que yo, con uno de los empleados del zoo, iríamos en barco, organizaríamos el campamento base y capturaríamos todos los animales que pudiéramos en el menor espacio de tiempo posible, y después Chris Parsons, con el equipo de cámaras, vendrían en avión a reunirse con nosotros. Lo organizamos todo de forma que dispusiéramos de dos semanas para capturar animales antes de que llegaran ellos. Era indispensable tener algunos animales capturados ya para algunas de las secuencias filmadas a su llegada. Después tuve que decidir a cuál de mis subordinados llevar conmigo. Elegí a John Hartley, también llamado John el Largo. Mide casi un metro noventa y es delgadísimo, de forma que casi parece una caricatura de Cruikshank, pero era joven, un trabajador infatigable y se entusiasmó muchísimo cuando se lo sugerí.

Después comenzó el proceso, muy necesario pero más bien tedioso, de reunir todo el equipo que necesitábamos para la expedición. En los viajes de este tipo nunca se está seguro del todo de lo que se podrá obtener en el país de destino, de forma que para ir sobre seguro hay que ponerse en condiciones de autonomía casi total. Llevamos martillos y clavos, tornillos, trampas, redes y jaulas de diversos tipos, biberones de niño por si obteníamos crías de animales, jeringuillas hipodérmicas y varias cajas de medicamentos por si alguno de los animales se ponía enfermo, y una serie de productos de droguería, como Complan, una especie de leche en polvo que habíamos averiguado resultaba muy útil para alimentar crías de animales. Cuando acumulamos todo esto, formaba un montón bastante considerable. Después, como parece ocurrir cada vez que se organiza una expedición de cualquier tipo a cualquier parte del mundo, surgió un problema. Descubrimos que ninguno de los buques que atracaban en Freetown estaba dispuesto a admitir animales. Desesperado, telefoneé a Elder Dempster y hablé con uno de los directores. Por suerte, había leído algunos de mis libros y le habían gustado, de forma que por una vez la empresa hizo una excepción a su propia regla sobre el transporte de animales en buques de pasaje. Dijeron que no sólo podíamos hacer el viaje de ida en el *Accra,* sino también el de vuelta, y traernos todos nuestros animales.

De manera que un día sombrío, gris y lluvioso en los

muelles de Liverpool, John el Largo y yo subimos nuestra montaña de equipaje a bordo del *Accra* y aquella misma noche zarpamos. Jacquie había decidido no venir conmigo. Ya había estado dos veces en Africa occidental y el clima no le sentaba nada bien. En lugar de venirse con nosotros se iba a marchar por su cuenta con Hope Platt y Ann Peters, mi secretaria, a visitar la Argentina otra vez.

Fue una suerte que durante la travesía nos tropezáramos con una de las peores tempestades posibles. Las tempestades marinas no me molestan en absoluto, y nunca me mareo, pero me interesaba ver cómo actuaría John el Largo. Si se marea uno, no es nada agradable tener que encargarse de una serie de animales. Por suerte, John el Largo resultó tener un estómago de hierro, y no nos perdimos ni una sola de las comidas. Pasábamos gran parte del tiempo en el salón de fumar, descansando, bebiendo cerveza y hojeando todos los libros que nos habíamos llevado sobre la fauna del Africa occidental, aprendiéndonos de memoria las costumbres de los animales que esperábamos capturar. John el Largo se despatarraba en su butaca como una jirafa en una isla desierta, pero, como le había señalado yo, la travesía era la única oportunidad que teníamos de descansar, de forma que más le valía aprovecharse mientras pudiera. También le dije que tendría que estar dispuesto a pasar privaciones. Le pinté imágenes sombrías de chozas de hierbas llenas de arañas y escorpiones, de cerveza caliente, de tener que bañarse con el agua de un cubo y otros terrores parecidos de los trópicos.

Llegamos a Freetown un día precioso y calurosísimo, y por el mar nos iban llegando los magníficos aromas de Africa occidental: olores a aceite de palmera, aromas de flores, vegetación que se descomponía, todo lo cual se combinaba para producir una mezcla encantadora y embriagadora.

Yo había tenido la suerte de conseguir una carta de presentación para el señor Oppenheimer de un tal señor Geddes, que es socio de la Fundación, y aquel había encargado a la *Diamond Corporation* (Empresa del Diamante) de Sierra Leona que me prestase toda la asistencia necesaria. Ya sabía yo que íbamos a necesitar pasar algún tiempo en Freetown, de modo que una de las cosas que había hecho era escribir por adelantado y preguntar si nos podían reservar habitaciones en un hotel o, si era posible, conseguirnos un apartamento en alguna parte. Me sentí un tanto avergonzado cuando en cuanto atracó el barco subió a bordo un chófer con una librea inmaculada que me preguntó si era yo el señor Durrell. Dije que sí y me dijo que abajo estaba esperando el coche para llevarme a uno de los pisos de la *Dicor* como le llaman ellos, que ésta ponía a nuestra disposición durante nuestra estancia en Freetown. Yo no esperaba gran cosa, pues ya me habían advertido de que en Freetown escaseaban las habitaciones y que además en todas partes hacía un calor pegajoso. Le pedí que nos esperase mientras pasábamos el equipaje por aduanas, lo que se realizó con la mayor eficacia. De hecho, creo que es el único depósito de aduanas por el que he pasado en tan corto espacio de tiempo entre la entrada y la salida, a pesar de llevar una montaña de artículos variados. Amontonamos éstos en la trasera del enorme camión con tracción a las cuatro ruedas que Land-Rover había tenido la amabilidad de prestarnos y yo me metí con el chófer en aquel coche lujosísimo mientras John el Largo conducía el camión detrás. Cruzamos la ciudad y después, un poco en las afueras, llegamos a una zona muy agradable, donde las casas estaban instaladas en medio de jardines que eran una orgía de flores. Poco después subimos por un camino empinado y en curva, encendido con matas de malvavisco, donde nos encontramos con un bloque enorme y reluciente de apartamentos. Me quedé contemplándolos asombrado.

—¿Es aquí —pregunté al chófer.

—Sí, señor —me contestó.

Nos detuvimos ante los apartamentos, e inmediatamente aparecieron sirvientes de uniforme blanco que llevaron nuestras maletas al tercer piso, donde nos abrieron un apartamento que me dejó sin aliento. Para empezar, era enorme: en la sala principal cabrían 50 personas. En segundo lugar, aquello parecía un decorado de Hollywood. En tercer lugar, tenía aire acondicionado, y en cuarto, desde la veranda que había frente al cuarto de estar había una vista magnífica por encima de las colinas hasta llegar a la playa de Lumley, una de las mejores de Sierra Leona, que tiene varios kilómetros de largo.

—Bueno —dijo John el Largo mientras lo inspeccionaba—, pues esto no está mal, ¿no? Si esto es lo que tú llamas una choza de hierbas, pues no me importa.

—Yo no me refería a nada por el estilo —dije severamente—. Ya verás cuando nos adentremos en el país; ahí sí que vas a ver lo que es bueno. Esto es un tanto... ejem..., extraordinario, por así decirlo. La verdad es que es una suerte.

Fui a la cocina y vi que allí estaba el sirviente. Se puso rápidamente en posición de «firmes».

—¿Es usted el encargado? —pregunté.

—Sí, señor —dijo con una sonrisa—. Soy el encargado de este apartamento. Me llamo John. Además, soy el cocinero, señor.

Eché un vistazo a la cocina, que relucía y estaba inmaculada, y vi en un rincón una nevera fenomenal.

—Supongo —dije tanteando—, supongo que no tendrá usted cerveza, ¿eh, John?

—¡Sí, señor! ¡Sí, señor! ¡Inmediatamente se la llevo, señor!

Volví al cuarto de estar y me senté en una silla, todavía un tanto confuso ante todos estos lujos. John el Largo llegó despreocupado. Había estado explorando el resto del apartamento.

—Hay tres dormitorios —dijo—, y todos ellos son casi igual de grandes que esto. Es increíble.

—Bueno, pues he descubierto que hay algo de cerveza fría —dije yo—. De modo que no creo que vayamos a morirnos de hambre.

Teníamos muchísimas cosas que hacer y muchísima gente que visitar. Yo tenía que conseguir permisos para capturar animales, para exportarlos, y tenía que establecer contactos con varias personas que creíamos nos podrían ser útiles cuando nos adentrásemos en el país. Lo terrible de esto era que nuestro enorme Land-Rover estaba clasificado como camión, y lo mismo ocurría incluso con el más pequeño. El paso de camiones está prohibido en las calles del centro de Freetown. Sin embargo, este problema se resolvió gracias a la amabilidad del Comisionado de Distrito, que puso a nuestra disposición un automóvil y un chófer.

Después teníamos que decidir dónde instalar nuestro campamento base y, tras algunas deliberaciones, decidí que el punto central debía ser el pueblo de Kenema, a unos 650 kilómetros al interior. Lo elegí porque era un pueblo bastante grande, de modo que allí resultaría más fácil comprar comida y material, y además porque también allí tenía oficinas la Empresa del Diamante, y como estaban tan serviciales con nosotros, pensé que no estaría mal tenerlos a mano. En el *Accra* habíamos conocido a Ron Fennel, que trabajaba en Sierra Leona como asesor del Gobierno, y era el que primero me había sugerido Kenema. Cuando le pregunté dónde creía que podíamos montar un campamento base razonable me dijo:

—¿Por qué no prueba usted las minas de cromo?

Yo al principio creí que bromeaba. No me agradaba en absoluto la idea de vivir en una mina. Pero después me explicó que a 8 ó 10 kilómetros de Kenema misma había unas minas de cromo y muchas casas vacías que se habían construido para los mineros y sus familias. El cromo se había terminado y ahora todo el sitio estaba abandonado. Fennel estaba seguro de que el Gobierno me autorizaría a sentar mis reales en una, o en dos, de las casas y vivir allí. Me pareció una excelente idea y por fin logré encontrar al funcionario competente, que rápidamente me dio la autorización necesaria.

En general, no me gustan las ciudades, pero Freetown, me pareció encantadora. Las calles tenían, todas, los nombres más deliciosamente incongruentes, como St. James's, el Strand u Oxford Street, todo terriblemente británico. Los colonizadores ingleses son una maravilla. Si le da uno a un inglés un pantano a 3.000 kilómetros de la nada tendrá un ataque de originalidad y lo llamará Piccadilly. Por las calles pasaban unos encantadores autobuses londinenses que llevaban grandes cantidades de africanos, y por todas partes había enormes rascacielos, como panales blancos, que se erguían junto a los restos de la antigua Freetown, de preciosas casonas de madera. En general, prefería la arquitectura antigua a la nueva, pero la una parecía mezclarse bien con la otra.

Lo que teníamos que hacer ahora era tratar de organizar la contratación de alguna gente, de forma que establecí mi primer contacto con Sadu. Me había dado su nombre un amigo que había pasado varios años en Sierra Leona y que lo había tenido empleado. Me había dicho que Sadu era un excelente cocinero y que, además, era muy trabajador y muy honrado. Sadu en persona resultó ser un hombrecito arrugado, con una cara como un monito y una sonrisa pícara. Cuando llegamos a un acuerdo sobre su salario, le dije que fuera por la ciudad a buscar un «muchacho». En la jerga de Africa occidental, un muchacho significa un segundo de a bordo. En realidad, es el chico que pela las patatas, hace las camas y se encarga de toda la faena pesada, mientras que el cocinero —o el mayordomo, si lo hay— hace las tareas más ligeras. Al cabo de poco rato volvió Sadu con Lamin, un muchacho de unos 14 años, muy tímido y con una sonrisa encantadora. Inmediatamente lo contratamos. Después llegó el gran día. Todos los documentos tenían sus sellos, sus firmas y sus timbres, todo estaba dispuesto y el Land-Rover grande (el pequeño lo dejábamos en Freetown para el equipo de la BBC) estaba lleno de todas nuestras cosas, y en la trasera iban montados Sadu y Lamin. Subimos nosotros y nos lanzamos al interior del país.

La primera parte del viaje fue magnífica. Las carreteras de macadam eran estupendas, y todos los árboles y los arbustos estaban llenos de flores rojas, amarillas, púrpuras y blancas, cuando de golpe, en el kilómetro 107,

¡bang! llegamos a la laterita. Había polvo rojizo depositado en todas las plantas y los árboles de la carretera, y ese polvillo rojo se le mete a uno en los ojos y los pulmones y todas partes. Tiene la misma consistencia que los polvos de talco, y puede introducirse por la grieta más fina. Las arrugas de la laterita, causadas por las lluvias del invierno y por el viento, hacen que los vehículos retiemblen, de modo que al cabo de unos kilómetros se siente uno como si llevara por lo menos tres siglos montado en una perforadora automática.

La carretera parecía trazar su curva eternamente, y el polvo parecía irse haciendo cada vez más espeso. De vez en cuando pasábamos por una aldea con techos de hoja de palma, y todos los niños salían corriendo, la mirada brillante, los dientes relucientes, a decir adiós con sus palmitas sonrosadas a nuestro paso. A veces, un par de calaos volaban por encima de la carretera con locos aleteos, con sus largos picos que los hacían parecer desproporcionados. Le daba a uno la impresión de que tenían que dar aquellos aleteos tan locos porque si no el peso de los picos les haría caer en picado instantáneamente a tierra.

Al cabo de unas horas de viaje llegamos a la aldea de Bambawo. Las minas de cromo estaban en las colinas más allá de Bambawo, pero en la aldea misma era donde teníamos que recoger al guarda que tenía las llaves de las casas. Y así lo hicimos. Después torcimos a la izquierda y nos metimos en una sierra baja que había detrás de la aldea. Al ir subiendo cada vez más alto, la carretera se iba poniendo cada vez peor, pero la selva se iba haciendo cada vez más impresionante, porque era una selva de verdad, no maleza secundaria; había árboles gigantescos que se erguían sobre raíces hermosísimas, cubiertas de orquídeas y de diversos epífitos, con grandes cascadas de helechos gigantes. Al irse espesando el bosque se fueron haciendo cada vez más sombrías mis ideas sobre el tipo de alojamiento que podíamos encontrar por allí. Después le dimos la vuelta a la curva y vimos las minas de cromo. Era algo completa y totalmente inesperado. Lo primero que había era un gran edificio para la administración. Pasamos y vimos que había una piscina, vacía, naturalmente, de agua y llena de hojas muertas, pero en todo caso una piscina. La carretera seguía subiendo y poco después, esparcidos en la cima de la colina, había siete u ocho chaletitos preciosos, todos ellos medio escondidos entre los árboles, y cada uno de ellos con una vista preciosa sobre la llanura en que estaba la aldea de Bambawo, y sobre cientos y cientos de kilómetros de selva hasta la frontera con Liberia. Naturalmente, varios de los chalets estaban medio en ruinas, pero descubrimos dos, ambos con unas vistas excelentes, que estaban muy juntos y en excelente estado.

Mientras nos bajaban las cosas y las metían en la casa descubrí por el guarda que el edificio de la administración tenía una dinamo que producía la electricidad de esta aldeíta, y que si nos ocupábamos de obtener el aceite y el petróleo necesario para ponerla en marcha, el que él llamaba el miercánico celebraría mucho, por una pequeña suma de dinero, subir a ponernos en marcha la dinamo. De manera que nos ocupamos de ello, y también me ocupé de que dos mocetones de la aldea vinieran a limpiar la piscina y llenarla. John el Largo y yo pasamos el resto del día desempaquetando las cosas y poniéndolas en montones en las diversas habitaciones de nuestro espacioso alojamiento y después, aquella tarde nos sentamos a comer un excelente curry que nos había preparado Sadu.

—Pues, ya ves, ésta era la parte que más miedo me daba —dijo John sorbiendo con gusto su cerveza fría—. Ya sabes, lo de la choza de hierbas y las arañas, la cerveza caliente.

—Calla la boca y concéntrate en tu comida —le dije—. Lo que pasa es que hemos tenido una suerte enorme. Nunca he tenido un campamento base tan lujoso como éste. ¿Te das cuenta de que tenemos un baño y unos lavabos que funcionan de verdad? Es lo máximo del lujo.

Pronto advertimos que las minas de cromo nos reservaban otras maravillas. Por ejemplo, el agua nos llegaba de manantiales de la selva muy cerca de las casas, de forma que era lo bastante pura como para poderla beber sin tener que pasar por el proceso, tremendamente tedioso, de primero tener que hervirla y filtrarla. Además, no había mosquitos; estábamos a suficiente altura como para que nos llegaran todas las brisas frescas cuando soplaban, de manera que en las casas nunca hacía demasiado calor.

Los días siguientes fueron bastante frenéticos. Tuvimos una entrevista con el jefe de Bambawo, un anciano muy amable, para explicarle por qué habíamos venido y para preguntarle si podríamos conseguir la ayuda de algunos aldeanos que nos trajeran «carne». El término de «carne» es el que se utiliza en Africa occidental, en el *pidgin* *, para describir a cualquier animal, desde las ranas hasta los elefantes. Después contratamos a un carpintero y lo pusimos a trabajar en la construcción de una serie de cajas a las que pudiéramos poner las puertas de jaula que ya habíamos traído preparadas de Inglaterra. Al cabo de muy poco tiempo, ya teníamos una fila impresionante de jaulas, todas completamente vacías. Después fuimos en el Land-Rover a todas las aldeas en un radio de 30 kilómetros para dar la noticia de nuestra llegada y de lo que queríamos hacer, y dijimos que volveríamos al cabo de tres días a ver si habían capturado algo de carne para nosotros.

Una tarde acabábamos de llegar de lo que John el Largo calificaba de nuestros recorridos por provincias, nos habíamos bañado, cambiado de ropa y comido en silencio satisfecho y estábamos descansando antes de irnos a la cama cuando oímos un ruido curioso que llegaba de la parte baja de la colina: era un ruido de gaitas, tambores y cánticos. Al cabo de un ratito vimos una fila de gente que iba subiendo por la loma hacia nuestra casa, con sus faroles que lanzaban destellos entre los árboles.

—¿Qué diablo será eso? —preguntó John el Largo, porque el camino desembocaba en nuestra casa.

---

* Lingua franca con muchas variantes, generalmente basada en el inglés, utilizada en varias partes de Africa, el Indico, el Pacífico y el Caribe (N. del T.).

—No sé —dije—. Supongo que es una especie de comisión de la aldea. A lo mejor es que el jefe nos envía su banda de música, o algo por el estilo.

Contemplamos con paciencia, y al cabo de un rato apareció por uno de los lados de la casa, el grupo de africanos cantores y vociferantes, que se colocaron en fila junto a la veranda. En medio de ellos venían dos hombres que llevaban un palo apoyado en los hombros, y de él colgaba una jaula bastante grande hecha con troncos casi sin desbastar.

—¡Ah! —le dije a John el Largo—. Parece que nos traen la primera carne. Ahora, sea lo que sea, no te pongas demasiado contento con el bicho, porque eso hace subir el precio.

—No, no —aseguró John el Largo—. Voy a tratar de hacer como que me da tanto asco que no lo quiero aunque nos lo regalen.

—Y, ¿qué habéis traído, amigos? —pregunté a la multitud.

—¡Carne, señor, carne! —llegó un coro inmediato del grupo, y a la blanca luz de las farolas, les brillaban las dentaduras con sus sonrisas de orgullo.

Habían colocado la jaula a nuestros pies y tratamos de mirar entre los troncos a ver lo que había dentro. Me pareció lo bastante grande como para contener un animal de buen tamaño. Pero no logramos ver nada, de forma que la llevamos a la luz y cortamos las cuerdas hechas con lianas que habían utilizado para atar la tapa.

—¡Cuidado, señor! —dijo uno de los cazadores cuando levanté cuidadosamente la tapa a ver lo que contenía—. Esta carne le puede morder.

Levanté la tapa un poco más y miré en el interior del cajón. De pronto, repentinamente, apareció en la grieta una cara de lo más atractiva. Era un monito diminuto de nariz manchada, que podría caber cómodamente en un tazón de café con leche, y en la carita verde tenía una mancha blanca en forma de corazón en la nariz. Le brillaban los ojos y me contempló por la grieta. Después soltó un chillido penetrante, típico de los monitos pequeños, que se convertiría más adelante en uno de los ruidos habituales del campamento. Levanté la tapa y lo saqué. Tenía el cuerpo verdoso, la cola larga y una expresión ansiosa. Se me agarró tenazmente a los dedos y soltó otro quejido trémulo.

—Esta carne no morder —dije al cazador—. Este no ser mono grande; ser mono pequeño.

Era un truco que me sabía de memoria. Por alguna extraña razón, los africanos siempre se imaginan que si logran hacerle creer a uno que el animal que le traen es más salvaje de lo que es en realidad, automáticamente paga uno más por él. Le pasé el monito a John el Largo, que lo envolvió suavemente en sus manazas y lo retuvo mientras yo regateaba. Me llevó bastante tiempo, y por fin logré que aquel hombre bajara el precio de cinco libras a dos. En realidad, era mucho más de lo que valía el monito, pero siempre he pensado que la política más acertada consiste en empezar a pagar más de lo que se debe por los primeros animales, a fin de animar a los cazadores a salir en busca de más; después se pueden empezar a bajar los precios. De modo que, al cabo de un rato, satisfecho con el negocio, el grupo se marchó cantando y dando voces y tocando el tamboril. Desapareció por la loma, mientras John el Largo y yo íbamos a buscar un poco de leche tibia que darle al monito, que tenía mucha hambre. Después lo pusimos en una camita de hojas secas de plátano en una de nuestras jaulas y le dijimos buenas noches.

—Bueno —le dije a John el Largo mientras nos metíamos en la cama—, ya llegó nuestra primera carne. Y no está mal. Los monos de nariz manchada son bastante raros. A lo mejor es un buen augurio para el futuro.

En la semana siguiente fue esparciéndose la noticia del precio que habíamos pagado por el mono, como yo había previsto, y al cabo de poco tiempo empezaron a llegar constantemente cazadores que venían a la casa con una extraña variedad de animales. Nos traían murciélagos y crías de búho, puercoespines de cola gruesa, más monitos, ratas gigantes del tamaño de un gato y mangostas de todos los tipos y tamaños. Además, nuestros viajes por las aldeas de los alrededores nos habían dado dividendos, y cuando volvíamos a visitarlas era raro que volviéramos con las manos vacías, aunque sólo se tratase de una tortuguita o de una pitón joven que habían logrado capturarnos. Nuestras jaulas estaban llenas de silbidos, roces, chirridos y gritos, y estábamos seguros de que para la fecha en que iba a llegar la BBC tendríamos una buena colección de animales con que saludarla. Pero todavía no habíamos conseguido nuestros dos principales objetivos de nuestro viaje a Sierra Leona: uno, esos monos preciosos que son los colobos; el otro, unos leopardos. Pero, justo antes de que llegara la BBC, conseguimos nuestros leopardos, aunque de la forma más inesperada.

Había interrogado yo con el mayor cuidado a los cazadores acerca de la posibilidad de conseguir algunos de estos felinos preciosos, que cada vez van haciéndose más escasos en su hábitat, porque los matan por las pieles. Todos los cazadores meneaban la cabeza y decían que los leopardos eran «difíciles, demasiado» de atrapar. Empecé a pensar que no íbamos a conseguir ninguno cuando un día apareció un Land-Rover destartalado por el camino que llegaba hasta nuestra casa. Cuando se detuvo se apeó de él un estadounidense joven y larguirucho que se presentó con el nombre de Joe Sharp. Dijo que estaba trabajando en Kenema con el Cuerpo de la Paz y se había enterado que estábamos reuniendo animales. ¿Sería posible que nos interesara una pareja de leopardos?

—¡Y tanto que sí! ¿Sabe usted dónde se pueden encontrar?

—Bueno —respondió lacónico—, yo tengo una pareja. Me los pasó un cazador y los he criado yo mismo. Tienen unos seis meses... Me pareció que podían interesarles.

—Desde luego que sí —dije inmediatamente—. ¿Dónde están?

—Ahí mismo —dijo señalando con un gesto a la trasera de su Land Rover.

Le dio la vuelta, abrió la puerta trasera y por ella saltaron dos de los leopardos más bonitos que he visto en mi vida. Cada uno de ellos tenía el tamaño de un perro Labrador de buenas dimensiones, con unas manchas preciosas, patas musculosas y unas pieles que brillaban a la luz del sol, cuando se agarraron a las piernas de Joe Sharp con unos runruneos estentóreos. Ambos llevaban collares, a los que Joe puso unas traíllas. Los llevamos a la fachada de la casa, los atamos a la veranda y nos sentamos a contemplarlos, felices.

—Se llaman Gerda y Lokai —dijo Joe mientras se repantigaba en una silla y aceptaba la cerveza que le ofrecía—. Creo que deben ser hermanos, porque me los trajo juntos el mismo cazador, y los dos eran aproximadamente del mismo tamaño, aunque como ven Gerda es un poco más esbelta que Lokai.

Lokai había puesto las patas en la mesa y olisqueaba sospechoso mi cerveza. Después me miró con expresión seria a la cara y me dio un lamentón en la mano con una lengua bastante áspera.

—Bueno, si los quieren, suyos son —dijo Joe—. No es que quiera deshacerme de ellos —en realidad les he tomado cariño—, pero dentro de poco me vuelvo a los Estados Unidos y me resultaría imposible llevármelos.

—Desde luego que los queremos —dije—. Creo que son los leopardos con las manchas más bonitas que he visto en mi vida. A esta edad, ¿son de fiar?

Preguntaba eso porque en aquel mismo momento Lokai se había bajado de la mesa y me había puesto afectuoso las patas delanteras en torno a la pierna. Las uñas se me iban hundiendo en la piel.

—Bueno —dijo Joe—, habría que ver. Conmigo se portan muy bien, y también se portan muy bien con algunos de los tipos del Cuerpo de la Paz. Pero hay un par de ellos que les revientan, y con ellos son un poco raros. Por ejemplo, a Lokai le gusta subirse a una puerta y saltarle a uno encima, y si le da a uno en mal ángulo, pues resulta bastante pesado.

—Si le da a uno en el mal ángulo, yo diría que le puede quebrar el cuello —dije apartando la pezuña de Lokai de mi pierna, no sin dificultades.

—Bueno, pero creo que no les costará trabajo adaptarse —dijo Joe—. En realidad, son bastante pacíficos.

—Y —preguntó John el Largo poniendo el dedo en el meollo del problema—, ¿dónde vamos a tenerlos?

A mí no se me había ocurrido aquello. Era el día libre del carpintero, y en todo caso no teníamos un cajón lo bastante grande para meterlos dentro. Habría que construir uno especial, lo cual significaba un viaje a Kenema para buscar los tablones necesarios para construirlo. Todo eso, llevaría tiempo, y la BBC iba a llegar al día siguiente. Reflexioné un rato sobre el problema, y después recordé que justo detrás de nuestra casa, entre ella y la casita de más abajo que iban a ocupar los cámaras, había una chocita que mediría dos metros por tres, con casi tres metros de alto, que debía haberse utilizado hace tiempo como una especie de lavabos del personal. Supuse que si la limpiábamos bien, los leopardos estarían muy contentos allí hasta que lográsemos conseguirles un cajón lo bastante grande. Fuimos inmediatamente a inspeccionar la cabañita y consideramos que era perfectamente suficiente para los leopardos, salvo que había una grieta entre el techado y la parte más alta de una pared, una grieta de unos 20 centímetros. Pero Joe me aseguró que por allí no se podrían escapar.

De forma que nos llevamos a Gerda y Lokai a su nuevo alojamiento, después de limpiar éste y de dar a cada uno de ellos todo un platado de su comida favorita para perros, en lata, que era con lo que los había criado Joe. Después los dejamos en paz y nos volvimos a tomar otra cerveza. Por la noche, cuando se marchó Joe, John el Largo y yo volvimos, un tanto nerviosos, a darles a los leopardos su comida de la noche. En cuanto nos oyeron acercarnos empezaron a lanzar tal serie de maullidos, runruneos y rasquidos en la puerta que John el Largo y yo nos miramos alarmados.

—Creo —dije—, que deberíamos armarnos para esta operación.

Y por si acaso nos procuramos dos garrotes.

—Ahora —continué—, creo que si abrimos la puerta con cuidado y les metemos un plato de comida, eso los va a distraer, y entonces podemos meterles el otro plato y sacar los dos sucios de antes.

—Ya... –dijo John el Largo, dudoso.

Abrimos la puerta lenta y cuidadosamente, e inmediatamente se lanzaron a ella los dos leoparados, que rugían de satisfacción al oler la comida. Metimos el plato a toda prisa y salió deslizándose por el suelo hasta el rincón opuesto, con los dos leoparados corriendo como locos tras él. Después entramos nosotros, sacamos los platos sucios, pusimos en el suelo el segundo plato de comida, nos retiramos rápidamente dando un portazo y echamos el cerrojo.

—¡Fiuu! —silbó John el Largo—. Van a resultar un tanto difíciles, ¿no crees? Cuanto antes podamos meterlos en una jaula, mejor.

—Habrá que ponerse a ello a primera hora de la mañana —dije yo—. Si vas a Kenema a buscar la madera, persuadiré al carpintero para que haga unas horas extraordinarias. Creo que podría tener la jaula lista para mañana al anochecer. En todo caso, no es muy difícil de construir.

—Muy bien —dijo John el Largo—. Pero no me atrae la idea de darles de comer por la mañana. A lo mejor no vivo para llegar a Kenema.

—Pues no hay nadie más para encargárselo, de forma que habrá que aguantarse y darles de comer.

—Bueno —dijo John el Largo—, supongo que eso es lo que se llama morir como un héroe.

Y con esta idea sombría nos fuimos a la cama.

A la mañana siguiente, con el mismo método, bastante complicado, dimos de comer a los leopardos y, cuando terminaron, abrimos lentamente la puerta y los miramos. Estaban echados lamiéndose las fauces y runruneando de satisfacción. Parecía que la comida tenía el efecto de calmarlos. Como, en todo caso, teníamos que alcanzar una relación íntima con ellos, me pareció que aquel momento era el más indicado. Así que John el Largo y yo nos encerramos en los lavabos con los dos leopardos y nos pusimos a hablarles y a acariciarlos.

Gerda pareció preferir inmediatamente a John el Largo, y Lokai a mí. Esto es, si es que cabe calificar de señal de afecto el que me pusiera aquellas dos patazas en la rodilla y después se estirase a bostezar mientras me hundía todas las uñas en la rótula. Al cabo de media hora en este plan, les pasamos unas cuerdas bastante largas por los collares y los sacamos a darse un paseíto. Se portaron de forma bastante dócil y allí, al sol, tenían un aspecto verdaderamente magnífico. Pero cuando llegó el momento de volverlos a encerrar tuvimos que pelear un poco con ellos, aunque por suerte, con la ayuda de otro plato de comida, el asunto terminó sin derramamiento de sangre.

John el Largo se fue a Kenema en busca de madera y de otras cosas que nos hacían falta, mientras yo terminaba de limpiar a los animales y de darles de comer en espera de la llegada del equipo de la BBC. Este llegó al mismo tiempo que John el Largo, porque se habían encontrado en Kenema. Evidentemente, John el Largo les había llenado la cabeza de historias del terrible lugar en que estábamos, pues cuando estacionaron el Land-Rover y se apeó Chris, tenía en la cara un gesto de absoluta incomprensión.

—¡Tío suertudo! Ya veo que has vuelto a caer de pie —dijo con una sonrisa mientras se acercaba.

—Bueno, no está mal. Es un sitio modestito —dije yo— pero tiene todas las comodidades modernas y demás... Y, después de todo, en la trasera hay montones de selva que podemos filmar.

—¡Tío suertudo! —repitió.

Chris es hombre de estatura más o menos mediana, con una nariz muy prominente, aunque parece que la punta se la hubieran arrancado de un tajo. Tiene unos párpados muy caídos y los ojos verdes, que suele cerrar como un halcón cuando se pone a pensar, y en los momentos de crisis tiende a retirarse detrás de la nariz, igual que un camello. Me presentó a los otros dos miembros del equipo. Uno era Howard, que era bajito y corpulento, con pelo negro rizado y unas gafas de concha enormes que le daban el aspecto de un búho benévolo, y el otro era Ewart, el cámara, que era alto, rubio y de aspecto más bien escandinavo. Nos sentamos todos y le dije a Sadu que nos trajera cerveza.

—¿Cómo habéis encontrado este sitio? —preguntó Chris.

—Por pura casualidad —respondí—. Por aquí todo está abandonado, es como una especie de aldea *Marie Celeste.* Pero hay todo lo necesario. Hay baños en todas las casas, baños que *funcionan,* y los lavabos también funcionan, lo que es todavía más importante. Y tenemos un refrigerador, de forma que podemos beber cosas frías y conservar la comida. Y también hay electricidad, cosa que va a resultar muy útil, creo yo, para mantener cargadas las baterías de las cámaras, etcétera. Y además, ahí donde termina el camino hay una piscina, si es que vosotros os sentís con ganas.

—¡Dios mío! —exclamó Chris— ¡Es increíble!

—Pues sí. Es el campamento base más fabuloso que he tenido en toda mi experiencia de captura de animales. Nunca he tenido tantos lujos.

—Bueno —dijo Chris levantando su copa—, pues brindemos por las minas de cromo.

—Ya no se llaman las minas de cromo —dijo John el Largo—, sino las minas de carne.

Y a partir de entonces así fue exactamente como las llamamos.

Cuando terminamos las cervezas fui a enseñarle dónde iban a vivir. Al pasar junto a los lavabos se los señalé como si fuera una cosa normal.

—A propósito —les dije—, no vayáis a abrir esa puerta, ¿eh? Ahí dentro tenemos un par de leopardos.

—¿Leopardos? —preguntó Howard abriendo los ojos detrás de las gafas—. ¿Quieres decir... hablas de... leopardos?

—Sí, ya sabes, esos bichos con manchas —dije—. Los tenemos encerrados ahí hasta que podamos conseguirles una jaula adecuada.

—¿Estás seguro de que no pueden escaparse? —preguntó Howard, preocupado.

—No, no. De momento creo que no —respondí—.

Y, en todo caso, son muy jóvenes y mansísimos.

Después de comer, Howard y Chris fueron a su casa a deshacer el equipaje y comprobar el equipo de sonido y el fotográfico, con objeto de asegurarse de que no había habido desperfectos en el largo viaje por aquellos caminos tan difíciles. John el Largo estaba ocupado en dar leche a todos los animales chicos y yo estaba escribiendo una carta. De pronto se oyeron gritos de : «¡Gerry! ¡Gerry!», y apareció jadeante por la cuesta Howard, con aire preocupado y las gafas todas empañadas de la emoción.

—¡Gerry! —gritaba—. ¡Ven rápido! ¡Ven rápido! ¡Se han escapado los leopardos!

—¡Dios mío! —exclamé, y me puse en pie de un salto.

John el Largo abandonó inmediatamente lo que estaba haciendo y, armados de garrotes, bajamos la cuesta detrás de la figura palpitante de Howard.

—¿Dónde están? —pregunté.

—Bueno, cuando salí yo estaban sentados en el tejado de los lavabos.

Chris y Ewart estaban de guardia.

—Que Dios nos proteja —dije—. Si se escapan a la selva jamás podremos atraparlos.

Cuando llegamos allí nos encontramos con Chris y Ewart, armados de garrotes y con aire sumamente aprensivo, a una distancia discreta del lavabo, en el tejado de los cuales estaba sentada Gerda, que lanzaba unos gruñidos no demasiado feroces. Pero a Lokai no se lo veía por ninguna parte.

—¿Dónde se ha ido Lokai? —pregunté.

—Hace un momento que bajó de un salto. No se lo he podido impedir —dijo Chris en tono de excusa—. Se fue por allí.

Señaló más abajo, hacia la piscina.

—John —dije—, encárgate de Gerda. Se lleva mejor contigo que conmigo. Pero, por el amor de Dios, no seas imprudente. A ver si puedes conseguir que baje de ahí... o súbete con ella y pásale una cuerda por el collar. Chris, ven conmigo a buscar a Lokai.

Chris y yo bajamos la pendiente y empezamos a buscar, pero la verdad es que yo estaba convencido de que Lokai se había metido entre la espesura que había detrás de nosotros y de que jamás volveríamos a verlo. Pero de pronto lo vimos echado plácidamente bajo un naranjo pequeño. Me acerqué lentamente a él, con palabritas cariñosas, y me runruneó en tono amistoso. Con manos un tanto temblorosas le pasé la cuerda por el collar y se la até bien. Después le pasé la cuerda a Chris.

—Ten. Espera aquí con él —dije—. Tengo que volver a ver cómo le va a John el Largo, con Gerda.

—Y, ¿qué hago si se mueve? —preguntó Chris quejumbroso mientras yo echaba a correr cuesta arriba.

—Síguelo —contesté de un grito—. Pero no trates de pararlo.

Cuando volví a los lavabos vi que Ewart y Howard seguían cautelosos con sus garrotes a cierta distancia, mientras que John el Largo había encontrado una caja en la que subirse, y había logrado pasarle una cuerda a Gerda por el collar. De manera que, por lo menos, sabíamos que desde aquel punto de vista estaba a seguro. Pero, no sabíamos por qué, parecía haberse puesto de mal humor y no quería bajarse del tejado de los lavabos. Al final tuvimos que traer un palo largo y empujarla suavemente hacia el borde, hasta que tuvo que saltar al suelo, donde se volvió y le gruñó a John el Largo, como si la culpa la tuviera él, e hizo un vago gesto en el aire con la zarpa. Aunque aquellos cachorros de leopardo no tenían más que seis meses, debe recordarse que eran animales mortíferos, y que un movimiento juguetón de una zarpa podía arrancarle a uno media cara, con toda facilidad. Por eso utilizamos gran circunspección para persuadir a Gerda de que volviese a entrar en los lavabos. Una vez que la tuvimos dentro, John el Largo se sentó a su lado hablándole y acariciándola, y pareció calmarse mucho. Entonces yo volví a bajar la cuesta y me encontré con Chris que, como una cigüeña solitaria, sostenía la cuerda, desde cuyo extremo Lokai lo contemplaba con una mirada un tanto pensativa. Le quité la cuerda a Chris y tiré suavemente hasta lograr que Lokai se pusiera de pie.

—Vamos, Lokai —le dije—. Vamos... vamos a comer... Gerda está esperando. Vamos... los lavabos están estupendos. Vamos...

Y así, lentamente, con muchas pausas para oler cosas, mirar las cosas y admirar el panorama, logramos que Lokai volviese a los lavabos.

Entre tanto, habían avisado al carpintero, que había traído unos tablones que clavó encima del agujero del techo, de forma que no se pudiera repetir aquella fuga. Volvimos todos a la casa y nos tomamos unas cervezas para calmar nuestros destrozados nervios.

—Espero que no pasen cosas así todos los días —dijo Ewart.

—Bueno, todos los días no —dije—. Por término medio, unas tres o cuatro veces por semana. Pero, después de todo, eso es lo que habéis venido a filmar, ¿no?

—No los podéis tener ahí indefinidamente —dijo Chris—. ¿Qué váis a hacer con ellos?

—El carpintero les está construyendo una jaula ahora mismo. Estará lista esta noche, y entonces tendremos que meterlos en ella. Eso también va a ser un trabajito.

—¡Dios mío! Qué secuencia más maravillosa que filmar —dijo Chris.

—Pero no tendremos la jaula lista hasta después del anochecer.

—No importa —dijo Ewart—. Podemos montar unos focos.

—Con tal que no los asusten —advertí—. Si empiezan a ponerse demasiado nerviosos, me temo que tendréis que pararlo todo y apagarlos. No estoy dispuesto a jugarme el cuello por la BBC.

—Vale, de acuerdo —dijo Chris—. Te lo prometo.

Pasamos el resto de la tarde colocando los focos, mientras el carpintero le daba los últimos toques a la estupenda jaula que había construido para los dos leopardos. Cuando terminó ya era noche cerrada, y encendimos las luces a título experimental. Tenían mucha potencia, e iluminaban toda la zona con tal resplandor que me pareció que aquello no iba a ser lo más tranquilizador que hubiera visto un leopardo en su vida. Por fin, cuando estuvo todo dispuesto, John el Largo y yo, armados de platos de comida para perros y nuestros garrotes y cuerdas, subimos a buscar a los leopardos.. Primero les metimos la comida, y cuando la acabaron entramos nosotros y hablamos en tonos acariciantes, les dijimos que iban a convertirse en estrellas de cine, les pasamos las cuerdas por los collares y los sacamos. Fuimos subiendo la cuesta lentamente, dejando que ellos escogiesen la velocidad que preferían. Les encantaba pararse a mirar, les temblaban las orejas y se veía cómo se les movían los bigotes, casi como si fueran antenas. Fuimos avanzando lentamente y llegamos a la cima de la colina y al resplandor de los focos.

Un momento antes, John el Largo estaba a mi lado. Un momento después ya no estaba. Iba corriendo desalado por la cuesta, con Gerda tirando de él como si fuera un muñequito. Yo no podía hacer nada, porque estaba amarrado a Lokai, y no parecía que a éste los focos le inspirasen los mismos sentimientos que a Gerda. Lo fui llevando lentamente hacia la jaula. Hasta aquel momento, él nunca había visto una jaula, de forma que naturalmente se sentía un tanto suspicaz. Le dejé que le diera una vuelta y la olisqueara, y después puse dentro un plato de comida para perros y le dije que se metiera dentro. Lo tenía a mitad de la puerta cuando decidió de repente que aquello era una faena que le estaba haciendo y trató de volver atrás. Pero, por fortuna, tenía un trasero bastante amplio, y de un empujón logré meterlo en la jaula y cerrarle la puerta. Después, mientras comía, le solté la cuerda del collar y la saqué de la jaula. Para entonces ya había aparecido en el horizonte John el Largo, que tiraba detrás de él de una Gerda muy desganada. Gerda estaba de un humor de mil diablos, y ahora nos enfrentábamos con el problema de tratar de meter a un leopardo malhumorado en una jaula en la que había otro leopardo que después de haber comido, daba todas las muestras de querer salirse de ella. Nos llevó algún tiempo conseguirlo, pero por fin lo logramos, les cerramos la puerta de un golpe a los dos y dimos grandes suspiros de alivio. Desde detrás de los focos nos llegó la voz de Chris:

—Ha sido una secuencia maravillosa —dijo entusiasmado—. Y ha salido todo perfectamente. No sé por qué estabais tan preocupados.

John el Largo y yo, empapados de sudor, llenos de arañazos que nos habían hecho, juguetones, los leopardos *en route*, nos miramos el uno al otro.

—Lo único que digo —comentó John el Largo fervientemente— es que maldita sea la BBC.

—Aprobado por unanimidad —dije yo.

6. A la captura del Colobo

Muy Sr. mío:
Mi mujer ha nacido en el hospital. El médico me ha escrito que vaya a pagar por ella. Si nos paga usted hoy, voy. Si no va a pagar, le ruego me empreste la suma de (4Le.) o 2 libras, señor. No quiero irme sin su aviso.
Tenga muy buenos días, señor.

Ya había aumentado considerablemente nuestra colección, y además de todos los demás animales teníamos tres chimpancés jóvenes y animadísimos que nos había dado gente de las inmediaciones que los tenía como animales domésticos. Uno se llamaba Jimmy, otro Amos Tutlepenny y el tercero Shamus No Tool. El tener tantos animales significaba mucho más trabajo, de modo que John el Largo y yo teníamos que levantarnos al amanecer con objeto de tener a todos los animales limpios, comidos y dispuestos para la filmación a las nueve o las nueve y media de la mañana, cuando ya estaba alto el sol y había buena luz.

Aunque parezca curioso, el levantarse al amanecer

en las minas de carne era más bien un placer que una penitencia. Por el sur, nuestras vistas llegaban hasta la frontera con Liberia, a una distancia de 500 a 800 kilómetros, y a primera hora de la mañana todo aquello estaba sumido en un mar lechoso del cual no surgía más que alguna que otra colina, como si fueran islas. El sol salía de forma espectacular, como una especie de naranja sanguina confitada, y después, a medida que iba empezando a calentar, iba absorbiendo la neblina en largos flecos rizados, de forma que de pronto parecía como si la selva se hubiera incendiado hasta donde podía alcanzar la vista. Después de tomarnos una segunda taza de té y de haber admirado la aurora, hacíamos las comprobaciones de rutina por la larga fila de jaulas, a fin de asegurarnos de que ninguno de los animales se había puesto terriblemente enfermo durante la noche, y después John el Largo se dedicaba a darles la leche, o lo que fuera, a los animales más jóvenes, mientras que yo me dedicaba a limpiar las jaulas. Una vez hecho esto, pasábamos una o dos horas cortando fruta y otras cosas para los animales. Después llegaba la hora del desayuno, y con ella el equipo de rodaje, cuyos miembros subían bostezando por la colina para reunirse con nosotros. Una vez terminado el desayuno comentábamos en qué iba a consistir la secuencia del día y nos poníamos al trabajo.

Claro que todo rodaje falsifica algo, pero hay falsificaciones y falsificaciones. En nuestro caso, si pretendíamos demostrar cómo se capturaba un animal determinado, lo sacábamos de su jaula, lo volvíamos a llevar a la selva y después lo «recapturábamos» para que quedase en película. O, si queríamos demostrar cuál era el comportamiento de un animal, lo colocábamos en un contexto adecuado con redes alrededor y nos poníamos a esperar hasta que se comportaba como queríamos nosotros. Este trabajo resultaba tedioso a veces, y hacía falta mucha paciencia, sobre todo cuando había que quedarse en pie bajo aquel sol ardiente.

Recuerdo que una vez queríamos filmar una rata con abazones, o terza, mientras comía y después, cuando ya no le cabía más, mientras se llenaba los abazones o carrillos con el resto para más adelante. Esto les da el aspecto de estar padeciendo un ataque agudísimo de paperas. Estas ratas no son los animales más atractivos del mundo; tienen el tamaño de un gato joven, con grandes orejas sonrosadas, unos bigotazos temblorosos y una cola larga de un marrón sonrosado, y tienen la piel de color gris pizarra. Teníamos una de ellas, un macho llamado Albert, que siempre se tragaba todo lo que podía en cuanto se le ponía en la jaula el plato de la comida, y después se llenaba los abazones, con lo que quedaba, se marchaba a un rincón, donde tenía la cama, y lo enterraba. Yo estaba seguro de que si volvíamos con Albert a la selva volvería a repetir todo el proceso ante nosotros, de forma que cuando llegó la mañana dejamos a Albert sin desayunar y después lo llevamos solemnemente a las grandes raíces de un árbol gigante. Montamos las redes, colocamos en el suelo una buena selección de frutas de la selva delante de Albert y lo soltamos.

Para gran consternación nuestra, mientras las cámaras giraban y giraban, Albert se dedicó a pasearse por entre la fruta, pero sin que ésta pareciera interesarle lo más mínimo. Se encontró un hueco cómodo entre las grandes raíces del árbol, se enroscó y se quedó dormido. Lo sacamos de allí ignominiosamente, lo volvimos a poner enmedio de la fruta y volvió a hacer lo mismo punto por punto. Cuatro veces lo intentamos y cuatro veces se negó Albert a hacer el menor caso de la fruta, aunque ya hacía mucho rato que había pasado la hora de su desayuno, y debía tener mucha hambre. Por fin, a la quinta ocasión, de pronto (casi alarmado), advirtió la fruta. Olió una ansioso y después, en lugar de hacer lo que le había prometido yo a Chris que haría, la agarró cuidadosamente con los dientes, se retiró a un rincón y, sentado sobre los cuartos traseros, se la comió con la misma delicadeza que una duquesa viuda que se toma un helado. No era en absoluto lo que pretendíamos nosotros, pero por lo menos, algo habíamos conseguido filmar.

En otra ocasión queríamos filmar un poto. Se trata de extraños animalitos parecidos a osos de felpa que son parientes lejanos de los monos. Tienen unas manos verdaderamente extraordinarias, con el índice reducido a un mero muñón para que se puedan agarrar mejor a las ramas de los árboles, y además, las vértebras del cuello son salientes y se destacan como una serie de espinas entre la piel. El método de defensa del poto atacado consiste en meterse la cabeza entre las manos. Cuando el atacante trata de agarrarlo por el cuello, se le llena la boca de esas espinitas, lo cual disuade a todos los animales de presa, salvo los más decididos. Queríamos filmar un poto para hacer lo que se llama una «imagen de relleno» que complementara otra ya rodada el día anterior. A él no le tocaba más que sentarse en una rama y recorrerla hasta su extremo. No era pedirle mucho. Ya había comido, de modo que no tenía hambre, y creímos que si lo colocábamos en una buena rama podríamos tener terminada toda la escena en unos cinco minutos. Encontramos una rama adecudada en un buen lugar, pusimos los focos y las cámaras, lo que nos llevó algún tiempo, y por fin sacamos al poto y lo colocamos en la rama. Inmediatamente se metió la cabeza entre las manos y adoptó su posición defensiva, y así se quedó. Pasó un cuarto de hora y los focos empezaron a calentarse demasiado, así que los apagamos. El poto seguía inmóvil. Y no me podía imaginar por qué se asustaba tanto de nosotros de repente, porque le gustaba comer de la mano, pero por el motivo que fuese parecía que todo aquel procedimiento lo aterraba. Así que dejamos los focos apagados y nos pusimos pacientemente a esperar.

A mí me parece que una selva tropical de noche es una de las cosas más bellas que existen, y aquella selva era un lugar especialmente bello. En la época de las lluvias, el barranco se convertía, evidentemente, en una torrentera, pero estábamos en la temporada seca y los peñascos estaban recubiertos de musgo, por encima del cual volaban o se paseaban centenares y centenares de luciérnagas de un verde esmeralda brillante. Al lado de uno pasaban fantasmales nubes de polillas, y de todas partes llegaba el canto de las cigarras y de otros insectos, cuyo sonido iba desde el de un serrucho al de alguien que estuviera sonando una campanilla diminuta. Absorto en todo aquello, casi me olvidé del poto y de la BBC hasta que me susurró Chris al oído:

—Creo que va a moverse.

Fuimos a nuestros puestos de trabajo, se encendieron los focos, el poto levantó algo la cabeza y luego volvió a metérsela entre las manos. Pasó otro cuarto de hora y de pronto ocurrieron simultáneamente dos cosas. Lo primero fue que el poto empezó a levantar la cabeza, y en aquel mismo momento Ewart miró al reloj e hizo la observación que debe haber sido más inesperada en toda Africa desde que Stanley encontró a Livingstone:

—A estas horas deben estar saliendo de las tabernas, allá en Bristol —dijo pensativo.

Aquello tuvo un efecto instantáneo en el poto, que, a mi juicio, debe haber sido un abstemio fanático, pues en lugar de correr por la rama hacia la cámara, se dio la vuelta y huyó en la dirección opuesta. Nos llevó media hora volverlo a capturar entre aquel laberinto de ramas. Por fin le echamos mano y lo volvimos a poner en la rama, y entonces se comportó perfectamente y conseguimos los metros de película que necesitábamos. Pero nos había llevado más de dos horas el conseguir una secuencia que en la pantalla no creo que durase más allá de treinta segundos.

Claro que también filmábamos la rutina diaria de limpiar a los animales y darles de comer, aunque es imposible que nadie considere que el cuidado de una colección de animales sea un trabajo rutinario. Hacen todo lo posible por irritarlo y sorprenderlo a uno día tras día. Por ejemplo, teníamos un martín pescador africano muy bonito. Bueno, pues no podíamos conseguirle sus alimentos naturales (que consistían en lagartijas, serpientes y un surtido de saltamontes y langostas) en cantidad suficiente, de forma que tuvimos que enseñarle a comer carne. Pero cada vez que se le daba un trozo de carne insistía en matarlo, para lo cual le daba de golpetazos en un tronco antes de acceder a comérselo.

Como ya le había advertido yo a John el Largo, en toda expedición de captura llega un momento en que se empieza uno a creer que ya lo sabe todo. Ese momento es peligrosísimo, porque *nunca* lo sabe uno todo, por mucho que lo intente. Cuando empieza uno a presumir pomposo y arrogante de todo lo que sabe es cuando resulta probable que se cometa un error. Una vez cometí yo el error de creer que ya lo sabía todo y me mordió una serpiente, experiencia nada agradable. Aquello me enseñó a andarme con cuidado. Pero un día llegó un cazador que traía consigo un pajarillo encantador. Era una cría de cálao de cresta blanca. Esas aves son sobre todo de un color negro carbón brillante, pero tienen las plumas de la cabeza todas esponjadas y blanquísimas, de forma que parece como si llevaran un sombrero de algodón en rama. Me encantó, porque era el único cálao que habíamos conseguido hasta entonces,y le di a John el Largo una larga conferencia sobre los cálaos y sus hábitos. Por lo general resulta muy fácil criar a los polluelos de cálao y los de tucán, y yo estaba convencido de que Tommy, como decidimos llamarlo, sería facilísimo. Poco después de su llegada cortamos unas frutas muy buenas, pusimos a Tommy en la mesa de los animales y empezamos a ponerle la fruta delante. No le hizo el menor caso.

—Ya se acostumbrará con el tiempo —dije—, pero supongo que para empezar tendremos que darle de comer a la fuerza.

Le metimos a Tommy un trocito de fruta en la garganta, pero enseguida lo regurgitó. Le volvimos a meter otro trozo más adentro, pero al cabo de unos momentos también lo regurgitó.

—A lo mejor es que todavía no está asentado del todo —le dije a John el Largo—. Vamos a dejarlo un rato en la jaula, y después volvemos. Después de todo, no sabemos cuándo lo ha atrapado el cazador. A lo mejor su madre acababa de darle de comer y no tiene hambre.

Así que lo volvimos a meter en la jaula. Al cabo de dos o tres horas volvimos a sacarlo y a repetir todo aquel proceso laborioso, pero todas las veces regurgitaba la fruta. Seguimos todo el día tratando de darle de comer fruta, pero él no la aceptaba en absoluto.

—No lo entiendo —le dije a John el Largo—. De verdad que no. Casi todos los polluelos de cálao se vuelven locos por la comida al cabo de dos o tres veces y nunca quedan satisfechos.

A la mañana siguiente, Tommy no tenía un aspecto nada bueno, y aunque era evidente que tenía hambre, seguía negándose a comer fruta.

—Maldita sea —exclamé—. No nos queda más que un remedio. Voy a mirar en el libro. A lo mejor hay algo extraño que es lo que más les gusta comer.

En mi ignorancia, yo estaba convencido de que todos los cálaos comen cosas como verduras, frutas e insectos, de forma que podía, por así decirlo, clasificarlos entre los omnívoros. Pero cuando busqué a Tommy en el libro me encontré con que era uno de esos raros cálaos que se alimentan casi exclusivamente de carne. Lo que habíamos estado tratando de hacer era llenarlo de fruta que no le gustaba en absoluto, algo así como meterle en la boca un bistec crudo a un vegetariano convencido. Así que sacamos a Tommy de su jaula, lo pusimos en la mesa, le cortamos buenos trozos de carnes variadas, y en menos de treinta segundos se los estaba comiendo ansiosamente. A partir de aquel momento, todo fue perfectamente. Aquello me enseñó una lección, y espero que también se la enseñara a John el Largo.

Una cosa es cuidar de un animal en un zoo bien organizado, donde se dispone de todo al alcance de la mano, tanto desde el punto de vista de la alimentación como desde el veterinario, pero otra cosa muy diferente es cuando está uno a 800 kilómetros de cualquier parte, con todos los animales en cajitas de madera y hay que hacer de todo, desde cirujano veterinario hasta jefe de mantenimiento; además, como es natural, en cuanto los animales han aceptado el cautiverio, empiezan a exhibir todas sus excentricidades para que se entere uno. Es curioso, las manías y los caprichos que les dan a los animales. Por ejemplo, un día todos se vuelven locos por las naranjas, de modo que uno inmediatamente pide más al proveedor y les da todas las que quieren. Al día siguiente, si les da uno una naranja, lo miran como si les hubiera hecho una ofensa mortal y deciden que en realidad lo que les gusta son los cacahuetes. Y si no se satisfacen sus caprichos, igual que haría uno con una anciana y su perrito pequinés, no están contentos y no prosperan.

Hubo una vez en que alguien nos llegó con un pangolín, cosa que celebré mucho, porque hasta entonces, cuando había ido de capturas por el Africa occidental, nunca había tenido ningún éxito con estos extraños animales, que parecen piñas animadas con cola. Eso se debe a que su principal alimento son las hormigas que construyen sus hormigueros en los árboles, las feroces hormigas negras arborícolas. Había reflexionado algo sobre la cuestión de dieta de los pangolines cuando todavía no habíamos salido de Inglaterra, y había decidido que, aunque aceptarían una mezcla de huevos crudos con leche y carne picada, era evidente que todavía faltaba algo, y ese algo debía ser una pizca de ácido fórmico. Por eso, en esta ocasión me había traído un frasquito de ácido fórmico para probarlo, y todos los días le preparaba aquella mezcla al pangolín. Muchas veces, al prepararla, me imaginaba cómo la describiría un cocinero de televisión:

«Y ahora, amigos, tomen dos cucharadas de leche en polvo; disuélvanlas en un octavo de litro de agua, y cuando ésta haya alcanzado una consistencia suave y cremosa, añádanle un huevo duro. Se bate todo esto hasta que está bien ligado. Después se le añade un puñado de carne cruda picada muy fina, se bate lentamente y por último se adorna con un poquito de hormiguero picado de hormiga negra arborícola y una gotita de ácido fórmico. Sírvase inmediatamente. Le encantará el efecto que tendrá esta receta en sus invitados, y no cabe duda que sus recepciones serán las más populares de toda la temporada, con los pangolines.»

Pensé que sería interesante hacer una especie de libro de cocina para los dedicados a capturar animales, una especie de *Larousse Gastronomique* que tratase de cuáles son las mejores formas de servir gusanos y demás.

Para entonces ya habíamos filmado casi todos los animales de la colección, y estaban amontonándose los carretes de película, pero seguíamos sin encontrar dos de los animales que habíamos venido especialmente a capturar en Sierra Leona, los monos colobos rojinegros y los blanquinegros. Los cazadores nos traían monos de todos los tipos, salvo ese, y empecé a desesperar.

—No hay remedio —dije a Chris—. Tendremos que organizar un par de batidas de monos y ver si así conseguimos alguno.

—¿Qué son batidas de monos? —preguntó Chris extrañado.

—Bueno, eso que hacen en las plantaciones de cacao —le expliqué—. Van llevando a todos los monos a una determinada zona y luego los matan, porque se meten en los sembrados de cacao y los destrozan. Les pagan una prima, de un chelín por cabeza creo, por el Gobierno. Voy a decirle a John el Largo que vaya a Kenema por la mañana y les pida que le digan las zonas que les parecen mejores para nosotros. De hecho, debería darnos una secuencia interesante que rodar.

Así que envié a John el Largo a Kenema y al cabo de unas horas volvió y nos dijo que le habían dado el nombre de tres o cuatro aldeas donde se organizaban regularmente batidas de monos, pero que tendríamos que ir a ver al Jefe Supremo de la región para obtener su ayuda antes de que pudiéramos persuadir a los aldeanos de que organizasen una batida de monos fuera de temporada. Decidimos ir a ver al jefe a la mañana siguiente, y organizar las batidas de monos lo antes posible.

A la mañana siguiente me levanté al amanecer, como de costumbre, y salí a pasearme por la veranda en espera de que Sadu me trajese el té. John el Largo nunca aparecía antes del té; las sábanas se le pegaban, como si tuvieran pegamento. Estaba allí, contemplando la selva neblinosa, cuando oí unos ruidos en el valle, justo por debajo de la casa. Sabía que se trataba de monos, porque llegaba ese ruido encantador que hacen cuando saltan entre las hojas, como el choque de las olas en una costa rocosa. Pero, al principio, no pude ver exactamente de qué tipo de monos se trataba. Se dirigían hacia un árbol grande y bastante bonito que crecía a unos 200 metros de la veranda, justo debajo de nosotros. Tenía un tronco como gris verdoso, las hojas de un verde muy vívido, y en aquella época del año estaba cubierto de vainas de semillas de un color rosa cereza. Se produjo otro restallido, con rumores entre las hojas. Después, un momento de silencio. Y luego, de golpe, pareció como si todo el árbol floreciese de repente, pero floreciese de monos. Se trataba de colobos y rojinegros, y formaban un espectáculo que dejaba sin aliento. Tenían un pelaje rico, brillante, de un rojo castaño y negro como el carbón, y al sol de la mañana, brillaban como si estuvieran bruñidos; eran magníficos. Debía haber una docena más o menos, con un par de crías, y me divertía la forma en que estas últimas utilizaban por igual las colas de sus padres y las ramas de los árboles, como medio para impulsarse de un sitio a otro. Para sorpresa mía no se comían las vainas, sino que se estaban hartando de montones de hojas tiernas y tallitos del árbol. No me cabía duda de que eran los monos más bonitos que había visto en mi vida, y decidí que teníamos que conseguir algunos para nuestra colección, pasara lo que pasara. Se quedaron en el árbol, comiendo tranquilos y echándose grititos los unos a los otros hasta que apareció Sadu en la veranda con una enorme bandeja ruidosa llena de tazas. Cuando volví a mirar al árbol, habían desaparecido todos. Mientras iba tomándome el té recordé a una mujer estúpida que había conocido en un cóctel en Freetown, que me había dicho: «La verdad, Sr. Durrel, que no entiendo por qué viaja usted al interior del país. Allí no hay absolutamente nada que hacer ni que ver». Tendría que haber visto a aquellos colobos.

Aquel mismo día, más tarde, el equipo y yo nos fuimos a entrevistar con el jefe supremo y los ancianos de una zona muy cerca de nuestra aldea, y dejamos atrás a John el Largo para que se encargarse de los animales. El jefe supremo y los ancianos estaban celebrando una reunión de no sé qué tipo, y tuvimos que esperar a que terminasen para conseguir audiencia. El propio jefe era bastante joven y muy guapo, e iba vestido con una túnica blanca sencilla y tocado de una gorrita multicolor, mientras que la mayor parte de los ancianos llevaban túnicas espectaculares de diferentes colores. Describí, por mediación de un intérprete, lo que habíamos venido a hacer en Sierra Leona y, en especial, que queríamos filmar y capturar vivos a monos colobos de las dos especies. Pero tuve que insistir mucho en lo de «capturar vivos», porque estaban tan acostumbrados a matar a los monos, que no acababan de comprender por qué los queríamos vivos e ilesos. Por fin convencí al jefe y a los ancianos de lo que queríamos y logré que captaran el mensaje en términos clarísimos. Tanto el jefe como los ancianos estuvieron encantadores. Tenían unas caras animadas y bellísimas. Tenían unos ojazos negros tan calculadores y fríos como los de cualquier vendedor callejero de Petticoat Lane, pero se animaban a la menor broma, y entonces brillaban y lucían con una animación que, en general, es imposible encontrar entre los europeos. El jefe nos dijo que si no queríamos más que filmar los diversos tipos de monos, creía que uno de los mejores sitios era una plantación de cacao a poca distancia de la aldea. Dijo que allí había muchos monos de todas las especies. Pero no era buen sitio para hacer una batida de monos. Para eso tendríamos que ir a una aldea algo más allá. Pero como ya estábamos allí, podíamos ir a echar un vistazo a la plantación de cacao, pensamos.

Mientras íbamos en el Land-Rover yo pensaba en la situación de los monos en Sierra Leona. Todos los años mueren dos mil o tres mil monos en las batidas mencionadas. Eso se debe a que, por desgracia, nadie les ha explicado a los monos la importancia que tiene para la economía de Sierra Leona la cosecha de cacao y hacen muchísimos destrozos; en consecuencia, por lo tanto, hay que controlarlos. Lo lamentable es que esto afecta a todos los monos. Cuando en Sierra Leona se organiza una batida de monos, a cada participante se le paga una prima por la cabeza de cada mono, y se producen matanzas indiscriminadas de todas las especies. Entre ellas de las dos especies de colobo que buscábamos nosotros, pese a que éstas estaban, en teoría, protegidas por la ley. Se trataba de una de esas situaciones típicas en que se cuelga a alguien por un delito cometido por otro, pues de hecho el colobo no le hace ningún daño a las plantaciones. Era una situación como tantas que habíamos visto por todo el mundo y que siempre me fastidian: hay gobiernos dispuestos a soltar dinero para planes completamente descabellados, pero ni un céntimo para conservación de la fauna. Y así se llega a una situación en la que se produce una matanza de tres mil monos al año, la mitad de los cuales no le ha hecho nada a las plantaciones de cacao y que, de hecho, podrían constituir un atractivo turístico valioso.

En cuanto llegamos a la plantación de cacao comprendí por qué hacían falta las batidas de monos. Por todas partes había grandes grupos de ellos que se comían los arbustos del cacao. Pero, como ya había sospechado yo, eran sobre todo monos de nariz manchada y monos de Diana, y entre ellos no había ni un solo colobo. Al ver las filas de arbustos jóvenes de cacaos, ordenadas en líneas rectas, se entendía que un grupo de monos mal educados podía dejar completamente desnudo a un arbusto de dos o tres años en unos diez minutos.

Chris y los demás habían montado las cámaras y estaban filmando los monos de nariz manchada y los monos de Diana que estaban en los arbustos, de forma que yo me fui andando hasta el borde de la plantación y pronto me encontré en la selva. No es que exista una línea de demarcación, pero al final, cuando ya no se podían ver los arbustos del cacao, sólo la selva autóctona, cuando el bambú gigante brota como fuentes solidificadas y susurrantes, se daba uno cuenta de que estaba fuera de la plantación. El ir por entre aquellos bambúes era una experiencia extraña, pues a la menor brisa los tallos enormes —gruesos como el muslo de un hombre— chirrían y susurran melodiosamente. Así debía ser cuando se pasaba el Cabo de Hornos en un viejo barco de vela con viento fuerte. Yo buscaba monos colobos, pero lo malo es que en los trópicos tiende uno a olvidarse de su objetivo, porque cada paso del camino está tan lleno de cosas interesantes. Se ve una flor desconocida hasta entonces, o un hongo o una polilla de brillantes colores, o una rana arborícola igualmente coloreada, o un saltamontes, también brillantísimo. Los trópicos están ideados como una superproducción de Hollywood a la antigua, con objeto de hacer que uno comprenda lo diminuto e insignificante que es, y lo complejo y hermoso que es el mundo en que vive.

Paseé rápido por la selva, con una pausa de vez en cuando para examinar algo que me llamaba la atención y de pronto, para gran contento mío, logré mi objetivo. Delante de mí, entre los árboles, sonó un choque entre las hojas, y cuando fui silenciosamente en aquella dirección me encontré justo debajo de un grupo de colobos blanquinegros. Era un grupo muy pequeño, pues serían unos seis ejemplares, y una de las hembras transportaba un par de mellizos, lo cual era muy poco frecuente. Estaban comiendo tranquilamente entre las ramas a quince metros de altura por encima de mí, y aunque se habían dado cuenta de mi presencia, no daban muestras del menor temor. Cuando los contemplé por los prismáticos descubrí que no eran tan llamativos ni mucho menos como los colobos rojinegros, pero con su pelaje de un negro azabache y sus colas blancas como la nieve, igual que el pelo que les enmarcaba las caras, tenían toda la extraña dignidad de una orden religiosa de tiempos antiguos. Por fin, cuando comieron todo lo que querían de aquel árbol, se pusieron en marcha. Antes me había parecido que los colobos rojinegros eran muy ágiles en los árboles, pero los blanquinegros hacían que los otros pareciesen tortugas. Aparentemente sin pensarlo, se lanzaban de la copa de un árbol de cincuenta metros y llegaban de golpe a las ramas de abajo, con una gracia y una precisión que harían saltar lágrimas de alegría a Billy Smart. Volví andando hacia la plantación, donde me encontré a un Chris exuberante por una vez, porque habían conseguido muy buenas imágenes de los monos de Diana y los de nariz manchada mientras comían. Después recogimos nuestras cosas y volvimos a la aldea.

Era día de mercado y a mí me gustan tanto los mercados africanos que nos paramos a dar un paseo por él. Todo el mundo estaba atento y dispuesto a sacar el máximo, con los ojos hermosísimos y brillantes, las dentaduras relucientes, todo el mundo vestido con la ropa de domingo, de los colores más vivos. Había montones de frutas y verduras multicolores, largas filas de paquetes de paños de todos los colores; era como pasearse por enmedio de un arco iris. Parecía como si no hubiese nada que no se pudiera comprar, desde ranas secas pinchadas limpiamente en tallos de bambú hasta sandalias hechas con neumáticos viejos de coche. Mientras estábamos paseándonos se nos acercó de repente un muchacho esbelto que llevaba un salacof muy viejo, una camiseta blanca y unos pantalones cortos de color caqui. Se levantó cortésmente el salacof y, en una voz tan alta y chillona que por un momento —pese a su atavío— creí que era una mujer, me preguntó:

—¿Es usted el señor Durrell, señor?

Reconocí que sí era.

—Me envía el jefe, señor —dijo—. Yo soy Mohammed, y el jefe me ha dicho que usted quiere coger mono vivo. Yo se lo puedo organizar, señor.

—Muchas gracias —contesté cauteloso, porque no me parecía el tipo de hombre que podía organizar una batida de monos. Pero si el jefe me lo había enviado, debía saber lo que se hacía.

—¿Cuándo querría usted organizar batida de monos, Sr. Durrell? —continuó.

—Lo antes posible. Los monos que quiero en especial son los colobos, el blanquinegro y el rojinegro. ¿Sabe usted cuáles son?

—Sí, señor, sí que los conozco —dijo—. Hay muchos por aquí, muchos.

—Y, ¿cómo organizan ustedes esas batidas de monos? —pregunté.

—Bueno, señor —contestó—. Primero encontramos los monos, a primera hora de la mañana, y luego vamos echándolos, echándolos, gritamos, echándolos y gritamos más y los echamos más, hasta que los llevamos al buen sitio. Entonces cortamos todos los árboles a la redonda. Y luego, construimos, debajo del árbol en que están todos los monos, un nido.

—¿Un nido? ¿Qué diablos es un nido?

—Amontonamos todas las hojas en el suelo al pie del árbol. Tiene que ser un montón bien grande, ve usted, y entonces los monos se bajan del árbol y se meten en el nido y uno los coge.

A mí aquello me parecía muy raro, pero por lo serio de su expresión comprendía que hablaba en serio.

—¿Cuándo podemos organizar una batida? —le pregunté.

—Pasado mañana puedo organizarla.

—Muy bien —dije—. Y cuando empiecen ustedes queremos estar presentes, para poderlo filmar todo. ¿Comprende? O sea, que no empiecen sin nosotros.

—No, señor.

—Legaremos hacia las nueve.

—Ohhh... eso es muy tarde, señor —dijo.

—Pero es que no podemos filmar antes, porque no hay luz —expliqué.

—Bueno... y, si llevamos los monos a un buen árbol, ¿entonces pueden firmarlos? —me preguntó preocupado.

—Sí... con tal que haya luz suficiente —dije—. Si son ya las nueve o las nueve y media. Entonces es cuando hay luz suficiente para filmar.

Se quedó pensándolo un momento.

—Muy bien, señor —dijo—. Venga usted a la aldea a las nueve y le tendremos los monos.

—Muy bien. Muchas gracias.

—No hay de qué, señor —contestó y se puso el salacof y salió trotando por el mercado lleno de gente.

Así que, dos días después, nos levantamos muy temprano. Comprobamos cuidadosamente todo el equipo de la cámara y el de sonido y salimos hacia la aldea en la que iba a realizarse la batida de los monos. Cuando llegamos nos llevaron por un sendero estrecho a una plantación de bananas, y luego nos adentramos por la selva. Poco a poco fuimos oyendo una escandalera enorme que procedía de algún punto delante de nosotros, y, por fin llegamos al sitio donde habían metido a los monos. Mi primera impresión fue que había un ruido y una confusión infernales, con unos trescientos africanos que cortaban la maleza en todas las direcciones, mientras Mohammed se contoneaba entre ellos, dando órdenes a pulmón herido, órdenes que aparentemente no obedecía nadie. Habían logrado aislar a dos grupos de colobos en un árbol enorme, y ahora se ocupaban de cortar toda la maleza a su alrededor para que no pudiesen encontrar vías de escape. A medida que iban eliminando éstas, los monos empezaban a caer en el pánico. Uno o dos de ellos saltaron del árbol, con un salto de quizá unos cincuenta metros hasta la copa de una palmera, y se escaparon, ante lo cual los africanos gritaban al unísono y multiplicaban sus esfuerzos.

Incluso en el mejor de los casos me fastidia que se corten árboles, y me fastidiaba ver cómo caían aquéllos, pero sabía que, de todos modos, aquella zona se iba a desmontar para una plantación de cacao, de forma que al final tendrían que caer todos aquellos árboles. Por último cayó en la maleza el último de los árboles grandes que podría haber servido de escapatoria y no quedaban más que unas palmeras, de las cuales había que cortar las palmas más grandes. A medida que se iban cortando éstas y que iban cayendo al suelo hacían un susurro de lo más maravilloso, como el frote de las faldas de una dama que hace una reverencia con una crinolina muy almidonada.

Los esfuerzos de mi noble banda de cazadores habían logrado ya desmontar una superficie considerable de selva en torno al árbol principal, y esperé expectante a la fase siguiente, que consistió en el equivalente africano de una pausa para el té. Unos cuantos se pusieron a cortar trozos de una liana que es hueca y contiene en su interior grandes cantidades de agua —como una especie de pozo viviente— y se los llevaron a la boca para chuparles el agua. Tenían calor y sed y estaban empapados de sudor, y mientras bebían de las lianas todos ellos se pusieron a discutir cuál era la mejor forma de pasar a la fase siguiente de la operación. Mohammed, con su voz chillona, me informó de que lo siguiente era construir el nido. De manera que continuó el aserrado y el corte, y en torno al pie del árbol se fue apilando una enorme masa de ramas y palmas que formaban un montón cónico. Lo rodeamos todo de redes. Cuando terminamos con esto, todos los africanos fueron a la maleza de los alrededores a hacerse con palos largos, terminados en forma de horquilla. Esos palos hacían falta porque, cuando por fin bajaran los monos al nido y luego salieran del nido hacia las redes, hacía falta una horquilla con la que reternerlos dentro de la red, de forma que se los pudiera agarrar de la cabeza y de la cola.

Yo había estado observando muy atento la copa del árbol en el que se habían reunido los monos, pero tan espeso era el follaje que no podía distinguir exactamente cuántos estaban allá arriba, aunque sabía que ya estaban las dos especies de colobo que queríamos. Mohammed me dijo que ya estaba todo listo y, más bien por optimismo que por convencimiento, ordené que pusieran en primera línea las jaulas. No estaba seguro en absoluto de que aquellos métodos fueran los acertados, pero había una posibilidad de atrapar a los colobos, y quería estar dispuesto si se presentaba. Entonces dos de los hombres sacaron, sabe Dios de dónde, un serrucho enorme y antiquísimo, prácticamente sin dientes, y treparon por las redes, subieron por el nido hasta el árbol alto y empezaron a serrarlo.

—¿Qué están haciendo? —le pregunté a Mohammed.

—Si el mono cree que estamos cortando el árbol, señor, él se viene corriendo al nido y entonces lo cogemos —explicó secándose el sudor de la frente.

Apunté los prismáticos a la copa del árbol. No parecía que el aserruchado tuviera ningún efecto en los monos. El árbol era tremendamente grueso, y era evidente que a aquellos hombres les llevaría unos seis meses cortarlo del todo con aquel serrucho anticuado. Al cabo de media hora, aproximadamente, yo estaba convencido de que todos sus esfuerzos serían en vano. Dije a Mohammed que viniese a donde estaba yo.

—Sí, señor —dijo al llegar corriendo y tras hacer un saludo militar.

—Mira, Mohammed, creo que así no vamos a conseguirlo —le dije—. No parece que a los monos les moleste lo más mínimo el serrucho, y nos va a llevar años cortar ese árbol. ¿Por qué no probamos de otra forma?

—Sí, señor. ¿De qué forma, señor?

—Si limpiáis una pequeña extensión al pie del árbol —le dije—, de forma que no se incendie el nido, y hacéis una hoguera chica, y metéis en ella montones y montones de hojas verdes, entonces el humo sube por el árbol y a lo mejor así conseguimos que bajen los monos.

—Muy bien, señor —dijo—. Vamos a intentarlo.

Se marchó gritando a pulmón herido, igual que una gaviota, y al cabo de un momento se había limpiado una pequeña extensión al pie del árbol y se había encendido la hoguera. Vi cómo iba subiendo el humo en rizos perezosos, cómo se iba enroscando en torno al tronco del árbol gigante cada vez más alto. Y después miré a ver cuál era la reacción de los monos. Al oler las primeras vaharadas del humo, los colobos que estaban visibles empezaron a moverse un tanto nerviosos, aunque no parecían demasiado preocupados. Pero al cabo de un rato, cuando pusieron más hojas verdes en la hoguera y el humo se fue haciendo cada vez más espeso, empezaron a corretear adelante y atrás entre las ramas.

Ahora, en extraño contraste con la extraordinaria cacofonía que se había producido cuando limpiaban la maleza, el círculo de trescientos africanos había caído en un silencio absoluto y había formado un círculo en torno a la red, con las horquillas dispuestas. Estaba yo a punto de decirle a Mohammed que dijese bien claro a los africanos que no se lanzaran todos sobre el primer mono que bajara —es decir, si es que bajaba alguno—, porque la red se quedaría prácticamente sin protección, cuando de la copa del árbol saltó un colobo blanquinegro, que aterrizó ágilmente en el nido y, para gran asombro mío, desapareció en su interior. Los africanos lanzaron una especie de «Eeeehhhhh», como el grito que lanza el público en el fútbol cuando se marca un gol. Se produjo una larga pausa y después, de repente, el colobo dio un salto y salió corriendo hacia la red. Como ya había previsto yo, casi todos los africanos se lanzaron ansiosos hacia la red con sus horquillas.

—¡Diles que se echen atrás... que se echen atrás! —grité a Mohammed.

Este transmitió la orden a chillidos a los hombres, los hizo retirarse y no quedaron más que dos enfrentados con el colobo. Lograron reternerlo bajo la red y corrí a verlo. Uno de los hombres ya lo tenía agarrado firmemente por la nuca y por la base de la cola y lo estaba sacando de la red. Era una hembra adolescente, me pareció, y en muy buen estado. Pese a su aspecto serio y sociable, de hecho estos monos pueden dar buenos mordiscos, y hay que manejarlos con mucho cuidado. La llevamos a una de las jaulas, la metimos dentro y le cerramos la puerta, y después tapamos la jaula con hojas de palmera, de forma que se sintiera más a salvo en la oscuridad. Después, justo cuando me daba la vuelta después de aquella operación, pareció que del árbol llovieran monos. Fueron cayendo en el nido, uno tras otro, a tal velocidad que no pude contarlos, y cuando estuvieron todos dentro del nido y traté de contarlos, ya habían desaparecido entre las ramas.

Entonces se produjo un pandemónium total. Aparecían monos que saltaban a la red unos tras otros, y los africanos los atrapaban con sus horquillas entre gritos y chillidos. Había una confusión indescriptible. Yo no podía hacer nada salvo quedarme al lado de las jaulas y tratar rápidamente de contar los monos y determinar su sexo a medida que me los iban trayendo los africanos.

Resulta sorprendente, cuando se reflexiona sobre ello, en cuántas cosas tiene que pensar el cerebro al mismo tiempo. Cuando cada par de africanos me traía un mono que se les debatía en las manos, me preguntaba yo si lo estaban manejando con demasiada aspereza o si lo agarraban demasiado fuerte. Después me ponía a averiguar en qué estado se encontraba. Si se trataba de un adulto y tenía los dientes gastados, aquello significaba que era un ejemplar bastante viejo, en cuyo caso, ¿hasta qué punto podría adaptarse a la vida en cautiverio? Tenía que estar muy atento cuando los metían en las jaulas, porque tendían a cerrarlas de golpe, de forma que las colas de los monos se quedaban cogidas en la puerta. Después me preguntaba, en mi fuero interno, hasta qué punto habrían quedado traumatizados los monos. ¿Gozarían de aire suficiente? ¿Sobrevivirían el viaje de vuelta a las minas de carne? Y, si lograban llegar allí, ¿qué tal se adaptarían? Resultaba curioso que, pese a que la captura debía haber asustado mucho a los monos, la mayor parte de ellos ya me aceptaba la comida que les daba en la mano al cabo de un par de horas de haberlos capturado.

Cuando metimos en su jaula al último mono examinamos atentamente el nido, para asegurarnos de que no quedaban más escondidos entre las ramas. Por fin logré ir a examinar a mis cautivos uno por uno y a contarlos.

Hasta entonces, lo único que sabía yo era que habíamos tenido la suerte increíble de capturar de un solo golpe tantos colobos blanquinegros como rojinegros. Cuando examiné las jaulas vi que, de hecho, habíamos capturado diez colobos rojinegros y siete blanquinegros, de distintas edades, tamaños y sexos, que era lo importante. Había que atar cada una de las jaulas, cuidadosamente tapadas con hojas de palmera, a un palo, y salimos en grupo por la selva, con los africanos como porteadores de las jaulas, que balanceaban entre ellos mientras entonaban una canción alegre y triunfante.

Yo me sentía contentísimo. Tras todas aquellas semanas de espera, tras todo el sudor y el trabajo que habíamos invertido en la expedición, habíamos alcanzado nuestro último objetivo: habíamos atrapado a nuestros colobos. Pero, ahora faltaba algo igual de importante, reflexioné mientras iban metiendo las jaulas en el Land-Rover gigante y avanzábamos lentamente por la carretera llena de baches, de vuelta a las minas de carne. Ahora venía la prueba crítica: ¿podríamos mantenerlos vivos?

7. Y ahora, a mantener vivo al colobo

Muy Sres. nuestros:
Les agradeceríamos que pudieran asistir a nuestro baile esta noche que será a las 9.00 p.m. en punto. El baile es por nuestra hermana Regina que ha ingresado en la fuerza de policía y ahora ha salido. No es más que un baile de despedida. Están todos ustedes invitados a ese baile.
Esperamos inmediata respuesta de ustedes.
La dirección es,
J.B. Musa   *Bambawo*
M.C.   *J.P. Musa*

Como ya había sospechado yo, una cosa es atrapar un colobo y otra mantenerlo vivo. La principal dificultad no estribaba en que no se adaptaran al cautiverio, pues a eso se resignaron casi inmediatamente. Lo difícil era darles de comer. Cuando se hallan en estado silvestre viven en las ramas más altas de los árboles, y comen casi exclusivamente hojas, musgo y otras cosas verdes y fibrosas, amén, sospecho yo, de tomarse algún huevo de pájaro de vez en cuando, o algún lagarto, como parte de su dieta. En consecuencia, el estómago, en lugar de ser un simple saco como ocurre con otros monos, ha ido convirtiéndose en una serie de lóbulos dobles a fin de extraer el mayor alimento posible de esta masa tan poco nutritiva de comida. En muchos aspectos, se parecen a los de los animales rumiantes ungulados. En muchos casos, el estómago del colobo es tan grande que se le puede atribuir a él y su contenido una cuarta parte del peso del animal.

Para empezar pudimos darles los alimentos naturales que obteníamos en la selva circundante y que se tragaban ansiosos. Pero sospecho que esto tenía algo que ver con el trauma de la captura, porque al cabo de 24 horas se les había reducido el apetito casi a la nada. Empezaron a preocuparnos mucho. Desesperados, fuimos al mercado de Bambawo, al pie de la colina, y compramos grandes cantidades de verduras de las que cultivan los africanos para cocinar sus estofados y otras cosas. Había diversas variedades —verduras parecidas a las espinacas, u otras como una especie de trébol de hoja muy grande—, y las probamos todas con los colobos. Al principio no dieron muestras de interés alguno, y después las fueron comiendo poco a poco. Más tarde, como si hubieran decidido aceptar su destino, todos los blanquinegros empezaron a comer con toda normalidad las verduras que les traíamos del mercado, pero los rojinegros siguieron comiendo justo lo necesario para sobrevivir. Tenían un carácter tan completamente distinto que resultaba difícil creer que ambos eran colobos. Los blanquinegros eran muy despiertos y animados, y pronto estaban tan domesticados que le comían a uno en la palma de la mano. Los rojinegros, por el contrario, eran morosos y suspicaces, y parecían encerrarse en sí mismos de una forma que no cabía describir más que como si estuvieran enfadados.

Las dos cosas que más me preocupaban eran, en primer lugar, que faltaba poco tiempo para que tuviésemos que volver a Freetown a tomar el barco de regreso, y en segundo lugar, que teníamos que enseñar como fuese a los colobos a comer cosas distintas de su alimentación natural, algo que les pudiéramos dar durante el viaje, como manzanas, zanahorias y demás. Por desgracia casi ninguna de aquellas cosas se podía conseguir en Bambawo ni en Kenema. Logramos conseguir unas cuantas manzanas a un costo colosal, pero los colobos se limitaron a olisquearlas y las tiraron. Con la esperanza de que pudiéramos capturar algún colobo, yo había logrado que el *Accra* trajese grandes cantidades de zanahorias, coles y todos los tipos de verdura que podía imaginar para tentarlos, pero el desprecio con que recibieron las manzanas hizo que se me hundiera el ánimo. Empecé a pensar que no estarían dispuestos a comer nada de lo que podíamos darles en el barco.

Llegó por fin un momento en que los rojinegros estaban tan malhumorados y retraídos, y comían tan poco, que resultaba evidente que habrían hecho falta meses de paciente labor para adaptarlos al cautiverio y a una dieta antinatural. Con gran dolor de mi corazón decidimos soltarlos, y así hicimos. Sin embargo, y como compensación por ello, los blanquinegros siguieron prosperando y en perfecta salud, aunque todavía contemplaban despectivos las manzanas, las bananas y cosas así. Como en aquel calor las verduras se ponían mustias enseguida, había que darles de comer tres o cuatro veces al día, lo cual nos llevaba muchísimo tiempo, pues no sólo teníamos que hacer la película, sino además cuidar del resto de la colección.

Fue precisamente hacia aquellos días cuando hice una de esas estupideces que a veces comete uno en una expedición. Habíamos bajado tres o cuatro kilómetros por el camino a un sector de la selva para filmar una secuencia, e íbamos en el Land-Rover pequeño que se había traído el equipo de filmación de la BBC desde la capital... Cuando terminamos el rodaje e íbamos camino de casa, me senté en la trasera del Land Rover, que iba a toda velocidad, con tan mala suerte que tropezó en el camino con un bache enorme. Yo salí disparado hacia atrás y de lado, pero afortunadamente volví a caer en el tablón trasero, aunque me hice mucho daño en la rabadilla y me rompí dos costillas. Hasta entonces nunca había creído que una costilla rota hiciera tantísimo daño. Hoy día he cambiado radicalmente de opinión. Es algo *enormemente* doloroso. Para empezar, me costaba mucho trabajo sentarme, debido al cardenal que tenía en la rabadilla; en segundo lugar, si me inclinaba, o incluso al respirar, las costillas me hacían ver todas las estrellas del firmamento. Esto hacía que el trabajo con los animales resultara todavía más difícil, pues para limpiar las jaulas hace falta agacharse constantemente, como por ejemplo para transportar baldes de agua y muchas operaciones parecidas. Las únicas píldoras que me había traído eran de las normales para el dolor de cabeza, que no valían en absoluto para combatir aquel dolor. Yo esperaba que se me pasara al cabo de unos días. Por desgracia, no fue así; si acaso, fue intensificándose, y sabía que no podría arreglármelas con la colección y con las secuencias que se habían de rodar en el barco. Necesitábamos una tercera persona.

Por suerte, yo sabía que Jacquie iba a volver de la Argentina a Inglaterra hacia la misma fecha en que salía el *Accra* hacia Africa occidental, donde lo tomaríamos nosotros. Le envié un cable con la sugerencia de que viniese en el *Accra,* aunque sin decirle por qué. Naturalmente, todo eso había que hacerlo por conducto de Catha en el zoo, porque yo no estaba seguro de la posición del barco de Jacquie, de forma que no podía enviarle un cable directamente. Al cabo de poco tiempo recibí un cable de respuesta en el que se me informaba de que el barco de Jacquie llegaría en tales fechas que no le dejarían más que 48 horas para hacer todo lo necesario a fin de tomar el *Accra* en un puerto completamente distinto. ¿Era absolutamente necesario que se reuniera conmigo? Yo no quería contestar con todos los detalles de la situación, porque sabía que iba a preocuparse, así que me limité a responder: «No imprescindible venga Jacquie. Sólo que amo a mi mujer». Esto tuvo el efecto buscado, que se embarcase en el *Accra,* además de causar una cierta consternación entre los diversos telegrafistas por cuyas manos pasó.

Según parece, la gente no debe ser tan franca en los cablegramas.

Por fin llegó el día en que teníamos que salir de las minas de carne para ir a Freetown. En todas las expediciones de captura de animales resulta difícil decidir si quiere uno viajar al punto de destino de día o de noche. Si se viaja de día, los animales pasan un calor horrible, y los baches de la carretera no les permiten comer. Si se viaja de noche, aunque las carreteras siguen teniendo los mismos baches y los animales no pueden dormir, por lo menos hace fresco. Decidí que viajásemos de noche. Necesitábamos tres camiones, además de nuestro Land-Rover gigante, para transportar a todos los animales que habíamos reunido. Lo que más me preocupaba eran las crías, porque serían las que más padecerían en el viaje a Freetown.

En aquel momento vino a rescatarnos Joe Sharp. Reapareció entre nosotros e inmediatamente se ofreció a llevarme a mí con todas las crías, la carne chica, como las llamábamos, en su camioneta Land-Rover hasta Freetown, cosa que él podía hacer en cuestión de unas horas, mientras que a los camiones el viaje les llevaría toda la noche. Además con su Land-Rover podíamos viajar de día y pararnos a alimentar a las crías siempre que fuera necesario. Así que una madrugada salimos Joe Sharp y yo de las minas de carne con toda la carne pequeña metida en la trasera de su Land-Rover. A la noche nos seguiría John el Largo con el equipo de la BBC y los camiones. Cuando nos alejamos por última vez de las minas de carne miré por encima del hombro hacia aquella sierra de formas blandas, con su preciosa selva. Creo que jamás en mi vida he lamentado tanto marcharme de un campamento.

Joe conducía a toda la velocidad posible dentro de lo que permitía la sensibilidad de nuestros pasajeros animales a los baches, y llegamos a Freetown en un tiempo récord. Una vez más, la Empresa del Diamante había tenido la amabilidad de prestarnos el mismo apartamento de cine en el que nos habíamos alojado al principio del viaje, y además había puesto a nuestra disposición dos grandes garajes abiertos para los animales. Instalé en el apartamento a la carne pequeña y me acosté inmediatamente, pues quería estar levantado y despierto cuando llegara John el Largo con el convoy de animales. Debían llegar a las seis de la mañana, pero dieron las seis y no había ni señas del convoy. A las seis y cuarto empecé a preocuparme un poco; a las seis y media estaba todavía más preocupado... ¿Se habría metido uno de los camiones en una cuneta y habría volcado, matando a todos nuestros preciosos animales? ¿O era otra cosa lo que los retenía, como por ejemplo, un pinchazo? A las siete estaba empezando a desesperarme, aunque no podía hacer nada. Joe y yo no hacíamos más que mirar esperanzados por las ventanas, pero seguía sin haber ni señal de los camiones. Luego, hacia las siete y cuarto, apareció bamboleante el primero de los vehículos polvorientos, que se detuvo frente a los apartamentos. Todos los demás ocupantes de los apartamentos, que estaban al tanto de la llegada de los animales, estaban ya esperando ansiosos en sus balcones a ver lo que habíamos atrapado. Mientras entraba un camión tras otro, y se iban estacionando en el patio, iban abriendo los ojos cada vez más de asombro. Sacamos toda la carne, y, para gran alivio mío, vi que ninguno parecía haberlo pasado mal en el viaje, con la excepción del leopardo hembra, Gerda, que estaba de humor algo peor de lo normal. Los metimos en los garajes y luego nos pusimos al trabajo de limpiarlos y darles de comer lo más rápidamente posible, pues yo tenía que ir al puerto a recibir a Jacquie cuando desembarcase del *Accra*.

Joe me condujo hasta el muelle, y conmigo llevé una cajita de cartón que contenía un lecho cómodo de algodón y una cría de ardilla del bosque que acababa de abrir los ojos y que nos había traído un cazador en el último momento. Estas ardillas diminutas son unas criaturas de lo más encantador. Tienen el cuerpo de color dorado verdoso, con una rayita blanca a cada lado, unas orejitas puntiagudas y una cola enorme, como un penacho, que tiene rayas negras por fuera y otra roja en el centro. Yo sabía que Jacquie adoraba las ardillas, y era lo único que podía llevarle como regalo de bienvenida. Tras una cierta confusión, porque yo no me había dado cuenta de que hacía falta un pase, por fin nos permitieron traspasar el portón y allí estaba Jacquie, de pie en el muelle y con cara de malas pulgas.

—¿Dónde estabas? —me dijo como saludo de amante esposa.

—Tratando de llegar a este maldito muelle —respondí.

Se adelantó a darme un beso y dije:

—No me aprietes demasiado, que tengo una costilla rota.

—¿Qué diablos has estado haciendo? —preguntó belicosa—. ¿Has ido a un médico? ¿Estás fajado?

—No, no. Acabo de llegar. Mira... Un regalo para ti.

Se trataba de una tentativa de que dejara de pensar en mis problemas. Tomó la caja con gesto de gran sospecha.

—¿Qué es? —preguntó mirándome.

—Es un regalo —dije—. Vamos... ábrelo.

Lo abrió e inmediatamente se olvidó totalmente de mi costilla rota y de todo lo demás y se puso a decirle cariñitos a la diminuta ardilla que tenía en la palma de la mano.

—Vamos —dije—. Vamos al apartamento.

—Qué maravilla. ¿De dónde la has sacado?

—Me la dieron cinco minutos antes de salir. Pero la acepté porque creí que a lo mejor te gustaría.

—Es adorable —dijo—. ¿Le has dado ya de comer?

—Sí, ya ha comido —contesté—. Está perfectamente. Cuando volvamos al apartamento le puedes cambiar los pañales. Pero tenemos que volver allí, por el amor del cielo; hay muchísimo que hacer.

—Bueno —dijo ella.

—Ah, a propósito —dije—, éste es Joe Sharp. Un amigo.

—Hola, Joe —dijo Jacquie.

—¿Qué tal? —contestó Joe.

Así, tras esta exuberante reunión de un matrimonio

que llevaba cuatro meses separado, nos abrimos camino hasta el Land-Rover y volvimos en él al apartamento.

En cuanto llegamos allí, Jacquie instaló la ardilla en el dormitorio y después me dijo:

—¿Dónde está la guía de teléfonos?

—Y, ¿para qué diablos quieres una guía de teléfonos? —pregunté.

—Voy a telefonear a un médico para lo de esa costilla.

—No seas boba. No puede hacer nada.

—Algo podrá hacer —dijo ella—. Vas a ver a un médico. No estoy dispuesta a hacer nada hasta que hayas visto a un médico.

—Bueno —dije de mala gana—. Puedo ir al piso de arriba. Hay un tal Ian que seguro que conoce a algún médico.

Así que subí a ver a Ian, que me dio el nombre y la dirección de un médico, y volví a bajar a nuestro apartamento. Al cabo de un momento Jacquie estaba hablando por teléfono con el médico para explicarle la situación. Tuvo la amabilidad de decir que vendría a verme. Cuando llegó me miró el cardenal de la rabadilla, me dijo que probablemente tendría una fisura ahí y después me golpeó vigorosamente en las costillas hasta que di un salto como de cuatro metros en el aire con un grito de dolor.

—Ah, sí —dijo—. Ya veo que tiene usted dos costillas rotas.

Después procedió a vendarme todo el pecho muy fuerte, de manera que casi no podía ni respirar.

—No puede usted agacharse, ni transportar nada pesado, ni nada por el estilo —dijo—. Al menos de momento. Pero cuando llegue usted a Inglaterra ya debería estar curado. Le voy a dar unas píldoras para los dolores.

Aquel analgésico funcionaba bien, así que empecé a sentirme mejor, pero aquel vendaje tan apretado en medio del calor de Sierra Leona me resultaba casi insoportable, y al final tuve que quitármelo.

—Es evidente que no vas a valer de mucho en el barco —dijo Jacquie—, si no puedes inclinarte ni cargar con cosas pesadas. Y si tú y John váis a ocuparos del rodaje, resulta que yo tengo que ocuparme prácticamente sola de toda la colección.

—Bueno, ya nos las arreglaremos.

—Pues no me parece muy prudente —observó—. ¿Por qué no le decimos a Ann que venga?

Ann, como ya he explicado, era mi secretaria, y acababa de volver de la Argentina con Jacquie.

—¿Crees que podrá llegar a tiempo? —pregunté—. Ya sabes que el *Accra* vuelve a pasar por aquí dentro de poco.

—Si le mandamos un cable hoy, creo que podría tomar un avión —dijo Jacquie.

Así que le enviamos un cable y casi instantáneamente recibimos respuesta diciendo que ya tenía billete para el avión. Un par de días después llegó Ann, una rubia activa y eficaz, a quien le encantó la colección. Siempre le habían gustado mucho los animales, y el ayudar a limpiarlos y a darles de comer en el barco no era ningún sacrificio, en lo que a ella atañía. Le expliqué lo de los colobos.

—Lo malo es que necesitan mucha atención —dije—. Y, la verdad, en el barco no vamos a tener demasiado tiempo para eso. Y tampoco sé cómo van a aceptar la nueva dieta. Por eso quiero dejarte a tu cargo todo el grupo de colobos, y aunque no te quede tiempo para nada más, basta con que consigas que los condenados coman, para que podamos lograr que lleguen vivos.

—Lo intentaré —dijo ella—. Pero por lo que me ha contado usted, no parece que vaya a ser cosa fácil.

—No, no va a ser fácil —convine—. Por lo menos, no lo parece, salvo que de pronto se vuelvan locos por la col o algo por el estilo. En todo caso, habrá que esperar a ver qué pasa.

Poco después de la llegada de Ann añadimos otro animal a la colección, que resultó ser uno de los más encantadores de todos. Una tarde, mientras estábamos tomando la copa de antes de cenar, sonó el teléfono y respondió Jacquie.

—Es Ambrose —me dijo—. Dice que te va a dar un cerdo.

Ambrose era el Mayor Ambrose Gender, del Ejército de Sierra Leona, y ya nos habíamos conocido en nuestra anterior pasada por Freetown. Me lo habían presentado, sobre todo, porque tenía un programa para niños en la televisión local, en el que aparecía como «Tío Ambrose» y al que siempre llevaba un animal que enseñar a los niños y del que hablarles. Cogí el teléfono.

—Hola, Ambrose —dije.

—¡Ah, Gerry! —contestó con su voz profunda y musical—. Te tengo un cerdo. Es un cerdo simpatiquísimo. Se llama Capullo.

—¿Qué clase de cerdo? —pregunté.

—No estoy seguro, pero creo que es lo que tú dirías un cerdo del Río Rojo.

—¡Dios mío! ¡Estupendo!

Los cerdos del Río Rojo son mis favoritos de todos los cerdos. Los adultos tienen un pelaje de color jengibre brillante, y tienen unas colas muy largas y largos pelos blancos en las orejas.

—¿Puedes venir a buscarlo? —preguntó Ambrose.

—Sí. ¿Dónde estás?

—Bueno, ahora mismo salgo para el estudio a hacer mi programa. ¿Por qué no vas allí, me ves y después recoges el cerdo?

—Muy bien —acepté—. ¿De qué trata hoy tu programa?

—Bueno, voy a presentar de nuevo los perros policía. La última vez tuvieron tanto éxito que nos han llovido cartas pidiendo otro programa. Sólo que esta vez no voy a dejar que me muerdan.

La última vez que Ambrose había exhibido los perros policía, se había liado un trapo al brazo para que uno de los perros pudiera atacarlo, cosa que hizo con tanto vigor que le mordió en el brazo, pese al trapo.

—Muy bien. ¿A qué hora quieres que lleguemos al estudio?

—Dentro de una media hora —dijo Ambrose.

—Vale. Allí estaremos.

Cenamos a toda prisa y fuimos al estudio. Era pequeño, pero estaba muy bien equipado. Lo más extraordinario era que las grandes puertas batientes nunca se cerraban con llave durante el programa, y en la trasera había una fila de sillas, de forma que si alguien pasaba por el pasillo y quería ver lo que ocurría en el estudio de televisión podía entrar y sentarse, sin más. Aquella despreocupación horrorizó a Chris hasta el fondo de su alma.

—En la BBC no podría ocurrir esto —dijo.

—Ah, pero no estamos en la BBC —dijo Ambrose—. Estamos en la Televisión de Sierra Leona.

Ambrose era de mediana estatura y muy atractivo, con unos ojos enormes y brillantes que siempre tenían una chispa de humor. Debía ser su formación militar, con estudios en Sandhurst, lo que le hacía sentirse obligado a llevar un magnífico bigote negro que se rizaba en las puntas.

—Está a punto de llegar mi programa —me dijo—. Si quieres puedes verlo y después te doy el cerdo.

—Muy bien —contesté—. De todos modos, tenía ganas de verte con los perros policía.

Hacía poco se habían producido series enteras de robos en la zona de Freetown, y la policía, desesperada, había importado tres perros policía ya entrenados como medio de disuasión. Desde luego, parecían bastante disuasivos. Allí estaban los tres perros, con sus tres cuidadores, y los perros jadeaban con el calor del estudio y bajo los focos. Ambrose ocupó su puesto frente a las cámaras.

—Buenas tardes, chicos —dijo—. Aquí está otra vez el tío Ambrose. Hemos recibido tantas cartas pidiendo que volviéramos a traer a los perros policía que los he traído de nuevo al programa. Primero váis a ver lo obedientes que son estos perros. Siguen a sus cuidadores a todas partes.

Los cuidadores se pasearon solemnes ante las cámaras, con los perros trotando a sus talones. Dieron una vuelta, volvieron a sus puestos y se colocaron en fila.

—Ahora —dijo Ambrose—, para que veáis lo obedientes que son, los cuidadores les van a decir que se queden sentados donde están, y luego los cuidadores irán al otro extremo del estudio y ya veréis cómo les obedecen los perros.

Los cuidadores dijeron a los perros que se sentaran, cosa que hicieron jadeantes en fila, y después se fueron al otro extremo del estudio.

—¿Veis? —dijo Ambrose con una sonrisa feliz de oreja a oreja—. Bueno, este perro se llama Peter y tiene cinco años. Este de aquí se llama Thomas y tiene cuatro años...

Al llegar a este punto, el tercer perro, totalmente harto de todo el asunto, se levantó y se fue al otro lado del estudio, para huir del resplandor de los focos.

—Y esa —continuó Ambrose tan tranquilo, señalando en la dirección en que había desaparecido el tercer animal—, esa es Josephine, y es una perra.

Lamento decir que todos nosotros tuvimos que meternos pañuelos en la boca para impedir que el público nos oyera reírnos.

Tras unas cuantas demostraciones más de cómo actuaban los perros, Ambrose terminó su programita y después se nos acercó, radiante y sudoroso.

—Ahora —dijo— ya os puedo dar a Capullo.

Se fue a un rincón del estudio y volvió con una caja extraordinariamente pequeña. Yo esperaba un cajón grande. Abrió la tapa de la caja y salió trotando la cerdita más adorable que he visto en mi vida. Era de color chocolate oscuro, y tenía anchas rayas longitudinales amarillas, de modo que parecía como una especie de extraña avispa peluda. Tenía una nariz deliciosamente chata, unos ojillos brillantes llenos de curiosidad, orejas grandes y caídas y una cola larga que le arrastraba. Salió de la caja con gruñidos y chillidos de alegría y se puso ansiosamente a olernos las piernas y a buscar en las vueltas de los pantalones a ver si encontraba algo que comer. Todos nos enamoramos inmediatamente de ella y nos la llevamos en triunfo al apartamento. Al día siguiente contraté a un carpintero local para que le hiciese una jaula adecuada.

Ya casi había llegado el momento de marcharnos, y me preocupaba bastante saber cómo íbamos a transportar a todos los animales de los apartamentos Dicor hasta el barco. Había hecho algunas indagaciones en Freetown, pero parecía bastante difícil alquilar camiones. Una tarde vino Ambrose al apartamento a tomar una copa, le mencioné el problema por casualidad, y le pregunté si conocía alguna empresa de camiones que pudiera alquilarnos tres camiones para un viaje tan corto.

—Y, ¿para qué quieres alquilar camiones? —preguntó.

—Tenemos que llevar a los animales al muelle de alguna forma. No podemos llevárnoslos en brazos.

—Pero siempre tienes al ejército, querido amigo —dijo Ambrose.

—¿Qué significa eso de que tengo al ejército?

—Pues el ejército, naturalmente. Te presto tres camiones militares de transporte.

—¡Pero Ambrose, eso no se puede hacer! —dije—. No vas a ponerte a requisar camiones del ejército para transportar animales arriba y abajo de los muelles.

—Y, ¿por qué no? —preguntó—. Tengo grado de Mayor; tengo *mando* en el ejército. Claro que puedo. ¿A qué hora quieres que lleguen los camiones?

—Bueno —dije—, ¿estás seguro de que no va a pasar nada? No querría que te hiciesen un consejo de guerra ni nada por el estilo.

—No te preocupes, Gerry —contestó—. No te preocupes. Yo me encargo de todo. Basta con que me digas a qué hora quieres que lleguen los camiones, y aquí estarán.

De manera que le dije la hora y, efectivamente, cuando llegó el día aparecieron los camiones en los apartamentos Dicor y saltaron fuera los chóferes que se alinearon y saludaron militarmente. Era de lo más impresionante. Cargamos los animales con cuidado y los llevamos a los muelles. Allí los metieron en grandes redes que subieron balanceándose al barco y bajaron a la bodega, mientras yo decía dónde tenía que ir cada jaula. Los marineros del barco y el Primer Oficial estuvieron de lo más servicial, pero la operación llevó una hora aproximadamente, y se desarrolló a pleno sol, de modo que no fue una tarea demasiado agradable. Yo no podía hacer más que observar impotente, pues no podía ni levantar una jaula. Pero por fin estuvieron todos los animales dispuestos en la bodega y después subimos al puente a tomar una última cerveza, mientras el barco se iba alejando lentamente de la costa y Freetown se convertía en un mero reverbero en lontananza, y el sistema de comunicaciones del buque rugía con todas sus fuerzas el «Rule Britannia» sobre las aguas oleaginosas.

Lo primero que hicimos John el Largo y yo fue bajar al entrepuente a darnos a conocer al carnicero. Este es siempre el personaje más importante del barco cuando se transporta un cargamento de animales, pues es el que se encarga de preparar los huevos cocidos o de hervir el arroz, y es el encargado de la cámara frigorífica, donde se conservan los alimentos más importantes. Yo estaba un tanto preocupado, pues no sabía si en Inglaterra habían cargado o no las cosas de comer que habíamos encargado. Por suerte, allí estaba todo; montones de zanahorias, cajas llenas de coles estupendas, manzanas y peras y varias golosinas más con las que esperaba tentar a los colobos. Le dije al carnicero cuánto necesitaríamos aproximadamente al día, pero le advertí que, como el aire del mar siempre parece tener el efecto de aguzar el apetito de los animales, era probable que fuéramos necesitando más a medida que avanzábamos. Estuvo muy amable y dijo que con mucho gusto haría lo que fuese para ayudarnos.

El trabajo de filmación que nos quedaba por hacer era bastante considerable, porque los de la BBC no habían venido con nosotros en el primer viaje que hicimos John el Largo y yo en el *Accra,* de manera que teníamos que rodar secuencias en las que había de parecer que John el Largo y yo estábamos en el viaje de ida a Freetown, además de las del viaje de regreso. Después filmamos las tareas rutinarias de cuidar a los animales en la bodega. Muchas de las cosas las podíamos hacer John el Largo y yo, pero como estábamos ocupados con el rodaje, la mayor parte de ellas las tenían que hacer Ann y Jacquie. Además, yo estaba un tanto limitado en cuanto a las tares que podía realizar por lo de las costillas rotas. Por ejemplo, podía dar de comer a los leopardos, que ahora ya comían pollos y conejos con una ferocidad que había que verla para creerla. Podía además cortar comida para los demás animales, porque eso se hacía de pie, y además me encargué en exclusiva de dar de comer a Capullo.

Esta tarea, más que darle de comer, era como un combate de lucha libre. No le podíamos meter la comida en la jaula, porque inmediatamente la volcaba, y la mezcla de fruta, leche y lo demás se convertía en algo tan pegajoso y asqueroso que después era imposible hacer la limpieza. De forma que para darle sus dos comidas diarias la sacábamos de la jaula. Teníamos para ella una plancha de horno, grande y plana, en la que le poníamos montones de unas frutas y unas verduras suculentas y después se la llenábamos de leche, y en cuanto se sentaba uno frente a la jaula y le ponía la plancha en el piso, empezaba a gritar con todas sus fuerzas y dar con la naricilla chata contra la puerta. Esta era la parte complicada de la operación. Había que abrir la puerta y agarrarla a ella fuerte, si se podía, para impedir que se echara a correr hacia la bandeja, juzgara mal la distancia y lo volcara todo, como hizo en varias ocasiones. Así que, al abrir la puerta, trataba uno de agarrarla por una oreja, larga y caída, y de aguantar con todas las fuerzas, porque salía disparada como una bala por la puerta. Después había que llevarla lentamente hacia la bandeja, y ella metía las patitas cortas en ella, con las pezuñas bien separadas y metía la jeta y empezaba a tragar, con runruneos de satisfacción, y de vez en cuando chillidos penetrantes.

Incluso cuando había desaparecido de la bandeja hasta la última gota de leche y había encontrado y comido la última miga, seguía sin estar convencida del todo de que no hubiera algo más que comer si lo buscaba bien y —si no se lo impedía uno—, se lanzaba a un trote furioso hacia las otras jaulas. Normalmente se iba a donde estaban los monos, pero una vez se lanzó hacia los leopardos, y no logré atraparla hasta el último instante. La ranura para la limpieza de la jaula de los leopardos era lo bastante ancha para que sacaran las patas, y aquello podría haber sido el final de Capullo. Pero Capullo, mientras los leopardos rugían y daban zarpazos a la tela de alambre para tratar de agarrarla, no exhibió el más mínimo signo de temor. Lanzaba gritos chillones de indignación, les chirriaba sus dientes diminutos a los leopardos y se debatía como loca en mis brazos, tratando de bajar a pelearse con ellos. Los leopardos tendrían como veinte veces su tamaño, pero no parecía tenerles ningún miedo.

Ann, en respuesta a mi petición, se ocupaba en exclusiva de los colobos. Como ya había previsto, aquello le llevaba toda la jornada. No sólo se trataba de intentar que se acostumbrasen a una serie completamente nueva de alimentos, sino además de enseñarles formas nuevas de comer. Los colobos no tienen pulgares. En estado silvestre, se desplazan a tal velocidad y hacen unos saltos tan prodigiosos por entre las armas que el pulgar no haría más que molestarlos, de forma que se les han quedado reducidos a meros muñones. Esto les plantea problemas para agarrar las cosas, porque tienen que hacerlo con el filo de la mano, de manera algo parecida a quien recoge migas de una mesa. Además, naturalmente, cuando se está comiendo en la copa de un árbol y se le da un mordisco a algo, después se cae y desaparece en el suelo de la selva, a cincuenta metros de distancia, en vista de lo cual se va uno a otra rama. Pero en una jaula no se puede hacer eso. En el interior de Sierra Leona y en Freetown, donde les habíamos estado dando de comer hojas, la cosa era bastante sencilla, porque nos bastaba con meter las hojas por la rejilla metálica de la tapa de la caja, de forma que quedaban colgando y los monos podían escoger lo que querían y dejar caer lo que no les apetecía. Pero ya no teníamos hojas que darles, y lo más parecido a hojas que llevábamos eran las coles. Estas no les gustaban demasiado. Tampoco les gustaba demasiado ninguna de las demás cosas que habíamos previsto para ellos, como las zanahorias, las peras, las manzanas, las uvas y demás.

Aquello fue una batalla entre la decisión de Ann de hacer que sobrevivieran y el deseo de los monos de no comerse la comida que se les daba, de manera que se nos iban a morir. Ella se quedaba horas enteras en cuclillas delante de la jaula de los monos, enseñándolos con paciencia a agarrar las cosas y tratando de lograr que por lo menos *probasen* una uva o un pedazo de zanahoria —simplemente para ver a qué sabían—, porque las olisqueaban y las tiraban desdeñosos, sin probarlas siquiera. De todos nuestros colobos, el de mayor tamaño era un macho viejo, que a mi juicio debía tener 13 ó 14 años, y le habíamos puesto de nombre El Maldito, porque odiaba a todo el mundo. A quien más odiaba era a Ann. Todo el viaje fue un choque tremendo de voluntades entre El Maldito y Ann. Bastaba con que le metieran la comida en la jaula en un plato para que lo tirase todo y después, para demostrar su desprecio por la dieta y por Ann, se dedicaba a arrastrarse, sobre el trasero, en redondo y de espaldas, por el serrín, de modo que la fruta y el serrín se convertían en una mezcla totalmente indigesta y horrible.

Ann tuvo que intentar otro método. El Maldito la odiaba con tal intensidad que aquello casi parecía darle un motivo para vivir, de modo que ella se quedaba sentada llena de paciencia frente a su jaula, con algo de comida en la mano y alargaba ésta. Como El Maldito podía sacar el brazo por la rejilla de la jaula, saltaba contra ella y se daba de golpes en la cabeza, mientras alargaba el brazo en una tentativa de agarrarle la mano a Ann y llevarla cerca de la rejilla para darle un buen mordisco. Entonces, la comida salía volando por la bodega. Un día, al cabo de varios de esta actividad, Ann decidió probar con un pedazo de coco, para variar. Supuso que la carne blanca del coco brillaría más si se la ponía en la mano, y de todos modos El Maldito había mostrado un desprecio absoluto por las demás cosas que le había ofrecido.

Quizá fuera una coincidencia, pero aquella vez, en lugar de tratar de agarrarle la mano a Ann, agarró el coco, y tras volver a meter la mano en la jaula, lo olisqueó antes de dejarlo caer al suelo. Ann, con una paciencia increíble, continuó intentando lo mismo hora tras hora, hasta que por fin El Maldito empezó a dar muestras de cansancio. Seguía dándose de golpes en la rejilla en cuanto la veía, pero cuando se le abalanzaba a la mano, asía el coco, lo olía y se comía un pedacito. Al cabo de poco tiempo se lo quitaba de forma mucho más suave, y era evidente que habíamos encontrado algo que le gustaba de verdad. Gradualmente, tanto él como los demás colobos empezaron a aprender a comer de un plato en el suelo, y cada día fueron comiendo un poquito más. Se nos fue levantando el ánimo, pues ya estaban empezando a comer uvas y zanahorias y trocitos de manzana y, lo que era más importante, empezaban a tomar leche, que estaba reforzada con vitaminas. Así que, por lo menos, nos parecía que estaban tomando suficientes elementos nutritivos para seguir vivos. Pero era una tarea hercúlea, y hacía falta toda la paciencia de Ann para mantenerlos en forma. Por suerte, no tropezamos con mal tiempo, pues creo que de haber tenido mar gruesa, lo más probable es que los colobos se hubieran mareado. Esa hubiera sido la última gota, y estoy seguro de que los habríamos perdido.

Por fin llegamos a Las Palmas, bajamos corriendo a tierra y fuimos directamente al mercado local. Compramos todo lo que pensamos que podría tentar a nuestros colobos, aunque, naturalmente, muchas de aquellas cosas no las habían visto nunca en su vida: espinacas, por ejemplo, y fresas y guindas, y todas las verduras y las frutas imaginables que vimos. Lo llevamos todo triunfalmente al barco y lo probamos con nuestros colobos. Huelga decir que hicieron un gesto de desprecio ante aquellas carísimas cerezas y guindas, aunque poco después se aficionaron a las guindas. Las espinacas las probaron, pero no parecieron satisfacerles. Pero hubo algo —una cosa rara, parecida a una alubia—, que Ann había vislumbrado en el último momento en el mercado y de lo que habíamos comprado una pequeña cantidad, por si acaso. Si lo hubiéramos sabido, habríamos traído todo un saco, porque los colobos se volvieron locos por aquello y se hincharon a comerlo mientras nos duró.

Finalmente llegamos a Liverpool. Con gran alegría vi que era un día caluroso de verano. Pensé que prácticamente habían acabado nuestros problemas, porque ya no nos quedaba por hacer más que trasladar los animales del puerto al aeropuerto y llevárnoslos directamente en el avión a Jersey. Supuse que aquella misma tarde estarían bien instalados y gozando de todo el cariño y toda la atención que pudieran esperar del personal del zoo. Mientras el barco iba entrando lentamente para amarrar en los muelles, nosotros estábamos muy ocupados en la bodega, clavando arpilleras y mantas baratas en las puertas de las jaulas. Siempre tomo esta precaución, no tanto para proteger a los animales como para impedir que la gente meta la mano y curiosee, y quizá se lleve un mordisco, encima de darle un susto al animal. Además, cuando la caja está balanceándose y recibiendo golpes por todas partes los animales tienden a sentirse más seguros en la oscuridad. Una vez más volvieron a meterlos en aquellas grandes redes, los levantaron sobre el costado del buque y los depositaron en el muelle, donde ya estaban dispuestos los camiones para llevarlos al aeropuerto y al avión especial que habíamos fletado para ellos. Logramos ponerlos en buen orden en los camiones y di un suspiro de alivio. Ya no era cuestión más que de un par de horas y estaríamos de regreso en Jersey, pensé. Entonces apareció un tipo bajito que me preguntó si yo era el señor Durrell. Con una sonrisa satisfecha le dije que sí.

—Pues mire usted —dijo—, se trata de esos leopardos que trae.

Me dio un vuelco el corazón.

—¿Qué les pasa? —pregunté.

—Pues mire usted, es que no tiene permiso para traerlos.

—Pero sí que lo tengo —dije—. Hemos hablado con el Ministerio y el Ministerio nos dio los permisos y dijo que como los leopardos no pasaban por Inglaterra más que en tránsito hacia Jersey, no hacía falta que pasaran la cuarentena en Inglaterra.

—Pues mire usted, no tengo documentos a esos efectos —dijo él.

—Mire... No hay más que telefonear al zoo...

—Pues mire usted, yo de eso no sé nada. Si no tengo los documentos no puedo dejarlos pasar.

Me contuve. Ya había tenido que tratar muchas veces con funcionarios subalternos antes de ahora y sabía que lo peor que se puede hacer es perder la calma.

—Entonces, permítame que telefonee *yo* al zoo —dije.

—Pues muy bien. Pero me temo que tendrá que pagar usted la llamada.

—No faltaba más —dije rechinando los dientes.

Entramos en su despachito cochambroso y telefoneé a Catha.

¿Dónde diablos estaban los permisos de los leopardos? Catha dijo que acababa de recibirlos en el zoo, y como le había parecido bastante raro, había telefoneado al Ministerio, aunque estaba segura de que éste habría enviado copia a Liverpool. No, dijo el Ministerio amablemente, no se había enviado copia a Liverpool porque los permisos siempre se enviaban a las personas que esperaban los leopardos o los animales que fuesen.

Di un gemido.

—Muy bien —dije—, pues tendré que telefonear al Ministerio, Catha.

Me dio el nombre del departamento competente y su número de teléfono y llamé allí. Lo sentían mucho, pero el hecho era que el permiso se había enviado a quien correspondía, por lo que a ellos respectaba, que era el lugar donde se esperaban los leopardos.

—Bueno, pero, ¿tendrán ustedes la amabilidad de hablar con este caballero? —pregunté—. No me deja llevarme los leopardos a Jersey porque dice que no ha recibido los permisos.... ¿Querrán ustedes asegurarle que ya están firmados los permisos?

Le pasé el teléfono al bajito. Este susurró y gruñó y puso todos los obstáculos que pudo, pero al final el del Ministerio le convenció de que ya se habían expedido los permisos de los leopardos. Colgó el telófono con aire bastante sombrío. Aquel había sido el gran momento del día y yo se lo había estropeado.

—Y ahora, ¿puedo irme? —pregunté muy afable.

—Sí, supongo que sí —dijo con tono malhumorado.

Así que nos fuimos al aeropuerto. Pero con todo aquello habíamos perdido por lo menos una hora, y habíamos tenido que telefonear para que nos esperase el avión. En el aeropuerto metimos todos los animales en el avión y trepamos tras ellos, ocupamos nuestros asientos y nos abrochamos los cinturones de seguridad. El avión calentó motores, rugió un minuto o dos sin salir de la pista y después empezó a despegar. Luego, de repente, se paró. Volvió atrás, volvió a calentar motores y una vez más empezó el despegue y se detuvo. Vuelta atrás, pero esta vez apagaron totalmente los motores. El piloto vino a verme lleno de excusas.

—Me temo, señor Durrell, que hay una avería mecánica —dijo—. No podemos despegar.

—¿Cuánto tiempo llevará la reparación? —pregunté.

—Me temo, señor, que no lo sé.

—Bueno —dije—, ¿podemos dejar a los animales en el avión mientras lo reparan?

—Como usted prefiera, señor Durrell, o podemos sacarlos a todos y ponerlos en uno de los hangares, si usted prefiere.

—Creo que *sí* que lo prefiero —dije—, porque a algunos de ellos hay que darles de comer ya.

Así que volvimos a sacar del avión a todos los animales y los metimos en un hangar grande que estaba libre. Pasaron las horas y les dimos de comer y leche a todos. Al cabo de un tiempo vino un empleado de la compañía a decirme que seguían tratando de encontrar la causa del problema y que en cuanto hubiese esperanzas de salir nos informarían. Telefoneé a Catha al zoo y le dije lo que pasaba. Llegó la hora de comer y después las dos, las tres, las cuatro. A las cinco vinieron a verme y me dijeron que habían vuelto a revisar el avión, y aunque habían creído que estaba reparada la avería, no lo estaba.

—Pues no nos vale —dije—. Tendremos que fletar otro avión.

—Permítanos intentarlo una vez más, Sr. Durrell —imploraron.

—Bueno, bueno —dije—. Pero no me gusta la idea de subir en un avión a punto de averiarse. No me gusta subir en aviones ni siquiera en las mejores condiciones posibles, y mucho menos cuando están averiados.

Cuando volvieron a decir que por fin habían arreglado la avería, estaba ya bien entrada la tarde. Las costillas me estaban haciendo un daño de mil diablos y yo estaba de un humor de perros, porque, para empezar, no me gustan los aviones, y para continuar, a medida que iba refrescando la noche era posible que los animales se acatarrasen.

—¡No! —dije de repente con voz firme y decidida—. Maldito si me voy a subir en ese avión. Tomo otro vuelo.

—Le aseguro, señor Durrell —dijo el capitán—, que está todo en orden.

—No lo dudo ni un momento —respondí—, pero tengo un presentimiento y cuando me dan presentimientos no vuelo, y es algo que me pasa todo el tiempo... Maldito si voy a agarrar a todos mis animales y a meterme con ellos y con mi mujer en un avión que tiene el mal de ojo. No, me temo que vamos a fletar otro avión.

—Bueno, como usted prefiera, señor —dijo con tono de desaliento.

Así que fui a ver a los jefes del aeropuerto, obtuve su permiso para dejar a los animales en el hangar y después me puse a la tarea de encontrar otro avión que fletar, cosa que no fue tan fácil. Por fin logramos uno. A la mañana siguiente fuimos corriendo al aeropuerto a mirar preocupados en cada jaula, con la esperanza de que el aire frío de la noche no hubiera afectado a ninguno de los animales. No parecía que ninguno de ellos estuviera malo. Por fin los cargamos en el nuevo avión, y éste despegó de verdad.

Cuando estuvimos en el aire me sequé el sudor de las palmas de las manos, me recliné en el asiento, encendí un cigarrillo y cerré los ojos. Casi ha terminado, me dije; ya no nos queda más que un buen aterrizaje en Jersey. El avión zumbaba por el cielo, y por fin apareció la isla como una mota en el horizonte. Fuimos descendiendo poco a poco, e hicimos un aterrizaje absolutamente perfecto, y mientras nos acercábamos al terminal del aeropuerto vi una fila de carretillas elevadoras listas para cargar las jaulas, y allí estaba prácticamente —que yo alcanzara a ver— todo el personal del zoo.

Se descargaron los animales, relampaguearon las cámaras de la prensa que sacaban fotos de los leopardos, los chimpancés y todos los demás bichos que se iban cargando en las carretillas elevadoras y después llegaban a las camionetas que habían de transportarlos al zoo. En el espacio de una hora estábamos todos en casa, los animales estaban descargados, y los que no tenían que pasar la cuarentena estaban ya instalados en sus nuevas jaulas. Me inundó una gran sensación de alivio. Habíamos logrado traer a los colobos. Ahora tendríamos tiempo de sobra para prestarles toda nuestra atención en exclusiva. Ahora, además, de su dieta normal, dispondríamos de cantidades ilimitadas de hojas verdes que darles, tanto de roble como de álamo y de castaño, y de todos los demás árboles que me pareciese que les iban a gustar y a sentar bien. Por lo menos, esperaba que así fuera.

8. Una bandada de nacimientos

Estimado Sr. Durrell:

Disfrutamos tanto viendo su programa titulado A la Captura del Colobo *que queremos enviarle nuestras felicitaciones y nuestros mejores deseos para el futuro.*

Me recuerda usted tanto a un amigo que tuve en York hace unos doce años que me pregunto si hace algún tiempo se llamaba usted John Mitchell. Me gustaría saber...

Naturalmente, cuando se vuelve de un viaje de una cierta duración, se encuentra uno con una enorme cantidad de trabajo atrasado con el que ponerse al día. Aunque durante mi ausencia me habían tenido informado de la marcha del zoo, había mil y una cosas que hacer. Tenía que averiguar todo lo que habían venido tratando de hacer mis comités, para empezar, y me encontré con un escritorio en el que había un montón de cartas por contestar que casi llegaba al medio metro. Por suerte, vi que las cosas habían ido muy bien. El número de socios de nuestra Fundación había aumentado mucho, de forma que ya teníamos casi dos mil quinientos miembros repartidos por todas las partes del mundo, y el ingreso que esto representaba, añadido a lo que ingresaba el zoo con las entradas, nos permitiría llevar adelante algunos de los planes que llevábamos años acariciando.

Para inmenso alivio mío, los animales de Sierra Leona se iban adaptando muy bien. Naturalmente, a los leopardos, que estaban pasando su cuarentena de seis meses en los terrenos del zoo, les tuvimos que poner las inyecciones contra la enteritis felina, lo cual no les agradaba nada. Y los colobos, ahora que se encontraban en jaulas más espaciosas en las que tenían sitio para dar saltos y columpiarse, comían con bastante avidez una serie de cosas de las que no querían ni ver cuando estaban en el barco. Incluso experimentamos y les dimos de comer bambú y muérdago. Para gran contento nuestro, ambas cosas les gustaban y las comían con mucho gusto, de forma que ya sabíamos que por lo menos podíamos darles algunas verduras durante los meses de invierno. Los habíamos dividido en dos grupos. El Maldito, con las tres hembras adultas, estaba en una jaula, y el macho joven con dos hembras de la misma edad aproximada estaban en otra jaula. Considerábamos que era mejor mantener separados a los dos grupos, porque El Maldito nunca estaba de buen humor, ni siquiera en los mejores momentos, y si los poníamos a todos juntos, podría hacerle heridas mortales al macho joven. Como el propio Maldito ya estaba poniéndose viejito, no teníamos ningún medio de saber cuánto tiempo le quedaba de vida, y no queríamos que nuestro macho joven, el único que teníamos aparte de él, muriese o sufriera heridas.

Tras los dos primeros días, en los que estuve demasiado ocupado en el zoo asegurándome de que todos los animales se iban adaptando bien, y encargándome de que se hicieran todas las adiciones a las jaulas y demás, me convertí en un personaje absolutamente burocrático que respondía al correo y asistía a reuniones de comités. Naturalmente, fue en una de esas reuniones de comité cuando se le ocurrió parir a Sheena, nuestra chimpancé adulta. Sheena llevaba tanto tiempo preñada que casi se me había olvidado. El período de gestación del chimpancé es casi tan prolongado como el de un ser humano, y nueve meses es un período muy largo para esperar a un feliz acontecimiento. Al principio de su embarazo, Sheena había sufrido mucho porque retenía líquidos, lo cual hacía que se le hincharan las manos, los pies y la cara, y eso, es de suponer, le dolía mucho. Se trata de algo muy frecuente entre las mujeres embarazadas, así que, tras consultar con nuestro médico —cosa que siempre hacíamos, además de ver a nuestros veterinarios, cuando les pasaba algo a los monos—, logramos que aceptara tomar unas píldoras, cosa que le alivió mucho. Por fin desapareció el problema. Aparte de que su consumo de líquido había pasado de un litro de leche al día a siete litros, no había ningún indicio de que fuera inminente el feliz acontecimiento. Estaba yo en medio de una reunión del Comité de Administración, en la que tratábamos de las jaulas nuevas que era necesario construir, los nuevos animales que debíamos adquirir, y otros temas importantes, cuando de repente se abrió la puerta de mi despacho sin ninguna ceremonia y entró corriendo Jacquie.

—¡Rápido! —me gritó con gran asombro de la reunión—. ¡Va a abrir Sheena!

Después desapareció en dirección al pabellón de los mamíferos, y yo di un salto, tirando todos los papeles y salí corriendo detrás de ella. Ni qué decir tiene que aquel comportamiento dejó a mi pobre comité totalmente estupefacto, pues nadie sabía que en la jerga del zoo «abrir» era sinónimo de parir, y como yo nunca había visto el parto de una chimpancé, no estaba dispuesto, a perdérmelo. Salí corriendo por el patio hacia el pabellón de los mamíferos y frené de golpe ante la jaula de Sheena. Esta estaba sentada en su plataforma y nos daba la espalda en medio de sus contracciones; apenas si podíamos ver la cabeza de la cría. Al cabo de un minuto se levantó y empezó a hacer un nido de paja, con una pausa de vez en cuando para hacer una ligera contracción, pero sin ninguna señal externa de incomodidad. La parte de la cabeza de la cría que podíamos ver tenía más o menos el tamaño de un huevo de pato. De vez en cuando, Sheena alargaba una mano por detrás y tocaba con los dedos la cabeza de la cría, pero seguía sin dar ningún síntoma de que le doliera nada.

Al cabo de una media hora de construir desganadamente el nido, con una pausa de vez en cuando para las contracciones y para dar un paseo arriba y abajo de la plataforma, Sheena de repente se puso frente a nosotros, con las piernas abiertas, sin apoyarse más que en la mano izquierda. En aquel momento parecía que apretaba más en las contracciones, y después —con una rapidez asombrosa— de pronto se pasó la mano derecha por detrás y al momento siguiente se había sacado a la cría por delante, de modo que la tenía en las palmas de las manos. Todo aquello lo hizo a tal velocidad que hubiera sido casi imposible fotografiarlo. La cría estaba de espaldas en las manos de Sheena, con la cabeza ligeramente ladeada. Lo que más me interesó a mí fue que la expresión de Sheena era de absoluta incredulidad. Era como si hubiera estado pensando que lo que estaba haciendo era como un pedazo extraordinariamente grande de excremento, y en lugar de lo que se esperaba se había encontrado con una pequeña imagen de sí misma en las manos.

En aquel momento la cría lanzó un chillido tan penetrante y agudo que, de no haber estado mirando tan de cerca, habríamos creído que procedía de Sheena. La reacción de ésta fue inmediata. Se llevó a la cría violentamente al pecho y la tapó con las dos manos. Desde el momento del nacimiento hasta aquel gesto no podían haber pasado más de cuatro o cinco segundos. Durante dos o tres minutos estuvo sentada y agarrando así a la cría, y después fue aflojando lentamente las manos y empezó a examinarla. Lo primero que hizo fue lavarle el cráneo a lametones y chupetones; a veces le desaparecía todo el cráneo en la boca, como yo sabía lo grandes y desarrollados que tenía los dientes, me sentía aterrorizado ante la posibilidad de que lamiera el cráneo blando de la cría, o se lo mordiera, con tanta fuerza que la matase. Pero los lametones debían ser muy suaves, pues no parecía que a la cría le molestaran en absoluto. Después, Sheena se puso a limpiarle las manos y los pies, y le lamió todos y cada uno de los dedos uno por uno, y las palmas de forma cuidadosísima. Después sostuvo en alto a la cría, utilizando las manos como una cuna, y le lamió los ojos, parando de vez en cuando para echar el aliento por la boca fruncida, con un ruido que no cabe calificar sino de «pedorreta». Fuera eso para echar saliva en la zona que estaba limpiando o se tratase de una expresión de afecto, era imposible saberlo. Lo más curioso es que no parecía interesarle en absoluto limpiar el cuerpo de la cría. El cordón umbilical era muy largo y parecía tener casi tres centímetros de ancho, y la placenta, que iba unida a él, debía medir unos treinta centímetros por veinte.

Después de limpiar a su cría, Sheena advirtió por primera vez la existencia, del cordón umbilical y la placenta, y ambas cosas parecieron preocuparla. Agarró a la cría con la mano izquierda y procedió a pasearse por la plataforma con el cordón en la mano izquierda y la placenta colgando. De vez en cuando ponía la placenta en la paja, la tapaba cuidadosamente, pisoteaba un poco la paja y se retiraba a sentarse, como si pensara que de ese modo se había deshecho de aquel objeto irritante. Al cabo de unos minutos se daba cuenta de que la cría seguía unida a la placenta por el cordón umbilical y repetía toda la actuación anterior. En la media hora siguiente enterró la placenta bajo la paja por lo menos seis o siete veces. Una de las veces llegó al borde la plataforma y, para horror nuestro, empezó a balancear la placenta de un lado a otro, manejándola como si fuera un péndulo. Si la hubiera tirado y se hubiera roto el cordón, es muy posible que la cría se hubiera desangrado. Ya había llegado junto a nosotros nuestro comité, así como nuestro médico, que por casualidad estaba visitando a uno de los empleados, que estaba enfermo. Habían estado observando la actuación, fascinados. Pero cuando Sheena empezó a balancear la placenta por encima del borde de la plataforma, nuestro médico, horrorizado, se volvió de espaldas.

—No puedo mirarlo, de verdad —dijo—. Si la deja caer, me aterra lo que puede pasar.

Pero, por suerte, Sheena tomó en la mano el peso de la placenta, de forma que no afectaba a la cría. Poco después se bajó de la plataforma y se llevó consigo un poco de paja, es de suponer que con la esperanza de que así podría deshacerse tanto del cordón umbilical como de la placenta, pero en el plazo de un minuto volvió a subirse en la plataforma.

Al cabo de una hora, Sheena se había resignado al cordón y a la placenta como partes incómodas, pero necesarias, de su condición de madre, y después empezó a investigar la placenta más de cerca, y empezó a meterle los dedos y lamérselos. En menos de media hora la había recogido y empezado a comérsela, aunque de forma un tanto distraída, más bien como si pensara que era la única forma de deshacerse de ella que porque le gustara. En un ratito se comió aproximadamente la mitad. Tenía a la cría aferrada al pecho, pero que nosotros pudiéramos ver, no hacía el más mínimo esfuerzo por enseñarle a mamar. Esto resultaba un tanto preocupante, porque en muchos casos, en nacimientos así, si la madre no le muestra instintivamente a la cría dónde tiene los pechos, o si tiene a la cría demasiado baja, de forma que no puede llegar a ellos, es muy posible que se muera de hambre. Pero Sheena la tenía bastante alta, y en seguida la cría, que le iba recorriendo el cuerpo, le encontró los pechos. Vimos que mamaba tanto del izquierdo como del derecho. Tras amamantar a la cría unos momentos, ésta, de modo bastante sorprendente, empezó a hacer ruidos como los de saludo de los chimpancés, una especie de «eh, eh, eh, eh, eh», a los que Sheena respondió muy excitada, agarrándola más fuerte contra el pecho, después de lo cual la miró a la cara y le lamió primero un ojo y luego el otro. Aquella noche se quedó dormida del lado derecho, con la cría junto al pecho, y todos dimos un gran suspiro de alivio, porque hasta el momento todo marchaba estupendamente.

Al día siguiente el cordón umbilical estaba casi seco, igual que la placenta, pero Sheena no dio más muestras de ganas de comérsela. Al tercer día se rompió el cordón, que ya estaba totalmente seco y muy frágil, para evidente alivio de Sheena. Todos estábamos muy contentos con la marcha de la cría; parecía comer bien y que Sheena tenía leche en abundancia. Huelga decir que todo el personal del pabellón de los mamíferos se daba grandes aires, porque después de todo, los partos de chimpancés no son de lo más fácil de sacar adelante en cautiverio. De hecho, algunos de los zoos más antiguos del Continente —por ejemplo Amberes, que se creó hace más de un siglo—, nunca habían logrado la reproducción de chimpancés cautivos, de modo que todos nos sentíamos muy orgullosos.

La cría fue prosperando de modo notable, y Sheena resultó ser una madre excelente. Al cabo de poco tiempo la cría se arrastraba a gatas por el suelo de la jaula y de vez en cuando trepaba por los barrotes, pero bastaba con que diera el más leve chillido para que Sheena fuera corriendo a buscarla y se la llevara protectora al seno. Muffet, como bautizamos a la cría, empezó a interesarse por la fruta hacia los cuatro meses de edad. Al principio no parecía que se la comiera, sino que se la llevaba entre susurros a la boca, pero al cabo de poco tiempo empezó a morderla y a tomar leche del biberón. También tenía unos cuatro meses cuando primero se le vio empezar a jugar con la paja. Se arrastraba a distintas partes de la jaula para empezar a amontonarla y a ponerla en un sitio determinado. No parecía que se estuviera haciendo una cama, sino simplemente jugando. Pero al cabo de unas dos semanas de esta actividad vimos que se subía a la plataforma y acopiaba, ordenaba y pisoteaba la paja para ponerla a su gusto, y construía el mismo tipo de nido en miniatura que hacía su madre todas las noches.

Por desgracia, aquella buena marcha de Muffet no duró mucho. Un día en que la estabba observando de cerca, decidí, que no me gustaba la forma en que se movía. No tenía los movimientos ágiles y rápidos de manos y pies que por su edad debería tener. Además, cuando trepaba por la rejilla y empezaba a chupar uno de los barrotes, vi que tenía las encías más pálidas de lo normal. Se lo mencioné a Jeremy y tanto él como todos los demás empleados del zoo, además de Jacquie, fueron a mirar de cerca a Muffet. Estuvieron de acuerdo conmigo en cuanto a la palidez de las encías, pero no en cuanto a los movimientos. Seguí insistiendo en que a mi juicio seguía moviéndose de forma demasiado laboriosa para un chimpancé de su edad. Se lo mencioné a Tommy Begg en su siguiente visita, y convinimos en aumentar la cantidad de B. 12 que ya tomaba Muffet, a fin de tratar de curarle su condición aparentemente anémica.

A medida que iban pasando las semanas fue haciéndose evidente que a Muffet le pasaba algo muy grave y que tendríamos que tratar de curárselo, pero no podíamos hacer nada sin separarlo de Sheena. Con ayuda de la Pistola Captura anestesiamos a Sheena, entramos en la jaula cuando estaba inconsciente y nos llevamos a Muffet. Aunque lo hicimos de la forma más suave y amable posible, pareció resultarle un trauma enorme. Estaba muy acostumbrada a nosotros, pero estaba acostumbrada a vernos al otro lado de la barrera, y cuando de pronto la sacamos del lado del cuerpo de su madre, se derrumbó. Se le pusieron azules la cara y la lengua, perdió el aliento y después dejó de respirar. Intentamos la respiración artificial y el beso de la vida, y se le inyectó un analéptico. Pareció que aquel estimulante surtía algún efecto, se le volvió a aplicar la respiración artificial y Muffet empezó a respirar espontáneamente. Pero al cabo de diez minutos se le paró el corazón y dejó de respirar. Intentamos todo lo que pudimos, pero no sobrevivió.

Huelga decir que nos sentimos tristísimos, pero encargamos que le hicieran una autopsia a Muffet, con la esperanza de que quizá pudiéramos enteranos así del motivo de su muerte y de que eso nos pudiera servir de algo más adelante, si es que Sheena tenía más crías. Los resultados de la autopsia fueron muy interesantes, pues revelaron hasta qué punto puede un animal estar enfermo sin que haya ningún signo externo de su enfermedad en mucho tiempo. Resultó que Muffet tenía una dislocación permanente del brazo izquierdo, y que el codo estaba inutilizado porque tenía el tejido esclerotizado, además de que el hueso de aquella extremidad no estaba bien calcificado. Las costillas del lado izquierdo estaban deformadas y eran cóncavas. Se averiguó, además, que tenía una úlcera masiva junto al corazón –aunque, anatómicamente, el corazón lo tenía perfectamente sano—, y aquello era lo que debía haberle causado la muerte. El resultado de la autopsia nos reanimó algo, pues terminaba con las siguientes palabras: «No cabe duda de que el especimen nació muy deforme, y es muy dudoso que hubiera podido superar este impedimento con tratamiento alguno, incluso en los primeros momentos de su vida». De forma que, por lo menos, sabíamos que evidentemente la dieta de Sheena no contenía el calcio suficiente y, en segundo lugar, que no era culpa nuestra que hubiese muerto Muffet, pues el fallo cardíaco podía haberse producido en cualquier momento, tanto si tratábamos de sacarlo de la jaula como si no. Pero aquello no bastaba para consolarnos.

Sin embargo, Sheena no tardó demasiado tiempo en volverse a quedar preñada. Esta vez parió en medio de la noche, y la cría fue una hembra sana y fuerte que, en el momento en que se escriben estas líneas, tiene unos dos años y ya está separada de su madre y en plena forma. No presenta muestras de ninguno de los síntomas que tenía Muffet. Naturalmente, en las últimas fases de la preñez de Sheena le intensificamos la dieta para compensar la carencia de calcio que tenía en la leche, y creo que la buena salud de Alexa se la podemos atribuir a las vitaminas adicionales que le estuvimos dando a su madre. O sea, que, por lo menos, la muerte de Muffet había servido para enseñarnos una lección.

Poco tiempo después de todo esto nos alegró otro feliz acontecimiento. Jeremy llegó a mi despacho en estado de considerable animación, con la nariz muy colorada y con la melena rubia ondeando al viento.

—¡Los colobos! —exclamó—. ¡Han tenido una cría!

Bueno, aquella sí que era una noticia increíble. No hay más que otro zoo en el mundo que posea esta especie de colobo, y, que supiéramos, ésta nunca se había reproducido en cautiverio. A nuestro modo de ver, el mero hecho de haber logrado que se adaptaran y sobrevivieran sanos ya era un triunfo; si lográbamos que la cría prosperase, sería un doble triunfo. Salimos corriendo a la jaula, a ver. Las tres hembras competían entre sí para ver quién tenía a la cría que, igual que todas las crías de colobo, de recién nacida, era totalmente blanca de modo que nos resultaba muy difícil distinguir cuál era la madre. No estábamos muy seguros de cuál era la pauta de comportamiento de los colobos en estado silvestre. Era muy probable que actuasen igual que los papiones, en el sentido de que, cuando nacía una cría, todas las demás hembras hacían como si fueran sus «tías». Pero como se estaban pasando tanto la cría de la una a la otra y le daban tantos tirones, decidimos que teníamos que tratar de averiguar cuál era la madre de verdad antes que le pasara algo a la cría.

Nos metimos en la jaula y logramos sacar a la cría, después de lo cual la pesamos a toda prisa y vimos de qué sexo era. Aquello nos demostró de modo, concluyente quién era la madre, pues la más pequeña de las tres hembras vino a la rejilla y trató vigorosamente de recuperar a su cría. Encerramos a las otras dos hembras en el dormitorio y le devolvimos la cría a la madre, tras lo cual mantuvimos a ambas separadas de las demás hasta que estuvimos seguros de que estaba mamando bien y se encontraba lo bastante fuerte para soportar las atenciones de sus tías. Cuando volvimos a presentar al resto del grupo a la madre y la cría hubo algunas escaramuzas de poca importancia, porque las otras dos hembras trataban de quedarse con la recién nacida, pero cuando fracasaron en su intento, se pusieron tranquilamente a despiojarse la una a la otra. Al cabo de unas horas la cría empezó a pasar ratos con las otras dos hembras, pero en cuanto lanzaba uno de aquellos chillidos penetrantes, la madre corría a recuperarla por la fuerza.

El Maldito, que era el típico padre victoriano del grupo, daba muestras de poco interés por su hija, a la que hacía a un lado constantemente, y a menudo prohibía a la madre y la hija que entrasen en el compartimento interior de la jaula. La mayor parte del tiempo no le hacía ni caso, y se quedaba sentado con su aire habitual, superior y distante, como si fuera el señor de todo lo que alcanzaba su vista. La cría fue progresando muy bien y se convirtió en toda una hembrita. La llamamos Ann, porque gracias a los esfuerzos de Ann Peters habíamos logrado que los colobos llegaran sanos y salvos a Jersey. Desde entonces, los colobos han vuelto a reproducirse varias veces, y ya tenemos un grupo de doce. Como ya he dicho, somos el único zoo del mundo que ha logrado su reproducción y consideramos que son uno de nuestros mayores éxitos.

Para no quedarse atrasada ante tanta actividad, Bali, nuestra hembra de orangután, también se quedó preñada. Aquello era muy emocionante, desde nuestro punto de vista. Es muy importante que se reproduzcan los orangutanes cautivos, porque al ritmo actual a que los matan actualmente, los expertos consideran muy probable que se extingan en estado silvestre en un plazo de diez o veinte años. Bali es un animal extraordinariamente pacífico, y de carácter muy plácido, lo cual facilitaba mucho nuestra tarea, pues significaba que de hecho podíamos meternos en su jaula para hacerle un reconocimiento periódico. Fue aumentando de tamaño, hasta que pasó con mucho la fecha en que suponíamos debía tener la cría. Empezamos a preocuparnos un poco. Como ya he dicho, al igual que la mayor parte de los zoos del Cotinente, para los monos tenemos un médico además de los veterinarios, porque, después de todo, los monos se parecen tanto a los seres humanos que a veces el médico puede establecer un diagnóstico cuando los veterinarios no saben qué decir. Estaba yo un día hablando con Jeremy del embarazo de Bali cuando vino al zoo el médico para tratar de otro asunto. Empezamos a hablar de la cría de Bali y dije que estaba empezando a pensar que todo aquello era inventado.

—Bueno, si le pudiera poner el estetoscopio en el vientre —dijo Mike—, a lo mejor podría oír los latidos de la cría. ¿Es mansa?

—Ah, eso sí —dijo Jeremy—. Es mansísima.

—Bueno, pues vamos a intentarlo —propuso Mike.

Así que fuimos los tres al pabellón de los mamíferos, y Jeremy se metió en una jaula, seguido de Mike. Este se puso en cuclillas en la paja, se pasó el estetoscopio por el cuello y se acercó a Bali lenta y prudentemente, diciéndole cosas todo el tiempo. Bali estaba echada en el suelo, como un Buda peludo y anaranjado, y lo contemplaba interesada con sus ojos plácidos y almendrados. Por fin quedó Mike bastante cerca. Se llevó el estetoscopio a los oídos y empezó a ponerle suavemente el otro extremo en el vientre enorme de Bali. Esta estaba fascinada. Allí estaba aquel señor tan amable y simpático que le hablaba en tono tan cariñoso y le ponía en el vientre algo que parecía como si mereciera la pena investigarlo, y que estaba unido a un par de tubos que incluso quizá fueran comestibles. Sacó suavemente una mano y tocó el estetoscopio, pero Jeremy hizo que apartase la mano. Al cabo de un minuto de escucha, Mike se quitó el estetoscopio de los oídos.

—Bueno —pregunté preocupado—, ¿has oído algo?

—En realidad, no —dijo Mike—. Hay una especie de doble latido, que quizá sea el de una cría, pero la verdad es que no está echada en la mejor postura. Si se enderezase un poquito, eso nos serviría de algo.

Jeremy trató de que Bali se levantase un poco, cosa que Bali no tenía la menor intención de hacer. Le gustaba estar como estaba, y así, en aquella postura, se sentía muy bien y si aquel desconocido se pasaba el día tocándole el vientre y le gustaba, allá él. Logramos que se pusiera un poco de lado, y Mike volvió a intentarlo. Una vez más escuchó aquel débil latido doble que podría o no ser el del corazón de un feto, pero no podía decirlo con seguridad. Y así tuvimos que dejar las cosas. Mike salió de la juala y se quitó la paja de su traje inmaculado.

—No puedo daros una repuesta segura —observó—. Yo diría que está preñada, pero la verdad es que en la postura en que estaba no he podido lograr un latido claro. Me temo que tendréis que seguir esperando.

Y eso hicimos. Bali siguió poniéndose cada vez más gorda y cada vez más plácida y letárgica. Pero un día, cuando Jeremy fue al pabellón de los mamíferos a primera hora de la mañana se encontró muy apenado con que Bali había parido y la cría había muerto. La sacó de la jaula y la reconocimos. Debíamos habernos equivocado en nuestro cálculo de la fecha del embarazo de Bali, porque aunque la cría estaba perfectamente formada, evidentemente, era prematura, y ese era uno de los motivos de que hubiera nacido muerta. Pero eso no es nada raro en los casos de animales primerizas. Lo que nos animó, hasta cierto punto, fue que habíamos pensado que Bali era todavía demasiado joven para la reproducción, y sin embargo había tenido una cría que hubiera podido ser sana y rozagante. De forma que tocamos madera y esperamos que la siguiente tuviera mejor suerte.

Creo que Bali debe haber disfrutado con las atenciones y los cuidados extraordinarios que le valió su embarazo, porque poco después empezó a dar todas las muestras de volver a estar preñada. Una vez más empezamos a mimarla; la separamos de su marido, le dimos todas las golosinas que podíamos imaginar y, una vez más, vino aquel señor tan simpático y se metió en la jaula con ella y le puso el estetoscopio por todo el vientre... sin ningún resultado. La tuvimos separada de Oscar hasta mucho después de la fecha en que debería haber parido, si es que iba a parir. Decidimos que esta vez se trataba de un embarazo falso, y efectivamente eso resultó ser, porque en cuanto la volvimos a poner con Oscar le volvió el vientre a la normalidad, igual que los pechos. Nos irritó mucho que nos hubiera engañado de aquella manera, pero todavía esperamos que algún día tenga una cría sana.

Había vuelto la primavera y, una vez más, lo que nos preocupaba a Shep y a mí, de modo que casi no podíamos pensar en otra cosa, era la reproducción de los faisanes de cuello blanco. El macho seguía cojeando mucho, y ni siquiera se nos ocurría que pudiera montar a la hembra. Investigamos las posibilidades de inseminación artificial. Si bien ésta es muy frecuente entre las aves domésticas, se ha trabajado muy poco con ella en las silvestres, y aunque recibimos consejos de todos los expertos tanto de Inglaterra como del Continente, el consenso era que, como sólo teníamos una pareja y eran unas aves tan raras, los peligros que entrañaba eran excesivos. Tendríamos que dejarlas a su aire y esperar que la pata del macho fuera mejorando, de modo que algún día la hembra nos pusiera unos huevos.

Por aquella época fui a pasar mis vacaciones anuales a Grecia. Claro que cuando me marcho nunca son verdaderamente «vacaciones», pues por lo general aprovecho la oportunidad para escribir un libro en esos períodos en que estoy lejos del teléfono y de otras interrupciones y me puedo concentrar sin problemas. De manera que me dediqué a tomar el sol de Grecia, a gozar de las flores primaverales y de los olivares y después iniciamos el regreso lentamente por Francia, comiendo como cerdos. Catha y Jeremy me tenían informado por carta de lo que pasaba durante mi ausencia, y si había algo urgente siempre sabían dónde podían telefonearme, de forma que podía volver inmediatamente en avión. Pero por suerte no hizo falta. Jeremy había logrado un intercambio maravilloso con la Institución Smithsoniana de Washington, y nos había conseguido varias especies diferentes de tenrec —unos extraños insectívoros parecidos a erizos de tierra que proceden de Madagascar y están todos en la lista de especies en peligro—, y nos alegramos mucho de tener unos grupos que podían reproducirse. Cuando estábamos a mitad de camino por Francia decidimos telefonear a Catha para enterarnos de cómo les iba a los tenrecs y decirle aproximadamente en qué fecha esperábamos desembarcar en Jersey. Estaba yo sentado a la mesa con Jacquie, tratando de decidir si empezar con *écrevisses flambées* o con caracoles, y sorbiendo pensativo un buen vino blanco seco cuando nos dijo el camarero que ya teníamos la conferencia que habíamos pedido con Jersey.

–Voy yo —dijo Jacquie, que se levantó de la mesa mientras yo seguía haciéndome la boca agua con el menú. Volvió al cabo de un momento, y por su gesto comprendí que había pasado algo emocionante.

—¿Qué noticias hay? —pregunté.

—¡No te lo puedes ni imaginar!

—Vamos, vamos. No quiero darme el trabajo de andar imaginándomelo. Dime de qué se trata.

—Son los faisanes —dijo—. Han puesto 19 huevos y Shep ha logrado que nazcan catorce polluelos.

Resulta difícil describir las sensaciones que experimenté en aquel momento. La primera fue de pura incredulidad; la segunda fue una tremenda emoción por todo mi cuerpo, porque si lográbamos criar catorce faisanes de cuello blanco, significaría que íbamos a tener el mayor grupo reproductor conocido fuera de China. Y si era verdad que aquella ave se había extinguido en estado silvestre, ahora estábamos en situación de reponerla a salvo en cautividad y así salvarla, como especie, de la extinción total. Por fin iba la Fundación a cumplir las funciones para las que la había creado. Hicimos una cena maravillosa y bebimos demasiado vino para celebrarlo, y todo el día siguiente, mientras íbamos avanzando por la preciosa campiña francesa, pensaba yo para mis adentros: «¡Tenemos catorce! ¡Tenemos catorce!... Dieciseis si contamos la pareja adulta... Y si el año que viene van bien las cosas... ¡Dios mío! Podemos distribuirlos por zoos de forma que no lo apostemos todo a una carta. Por Dios vivo, que no sean todos del mismo sexo... Tendremos que construirles unas pajareras especiales. Es absolutamente indispensable...».

Y así, llenos de aquellas ideas emocionantes, llegamos a la costa y pasamos a Jersey. En cuanto llegué al zoo mandé llamar a Shep.

—¿Qué es eso que me han dicho? —bromeé— de que has mandado matar a todos los faisanes de cuello blanco?

—Es verdad —dijo—. Muertos todos. Lo siento, pero qué le vamos a hacer. Fue algo inevitable.

—Vamos, ganso —le respondí—, vamos a verlos.

Me llevó entonces a la jaula especial en que la feliz madre cloqueaba en torno a los polluelos de faisán, que ya tenían una semana o así. Eran todos unos polluelos sanos y robustos, y como Shep había tomado la precaución de ponerlos en un sitio inmaculadamente limpio, estábamos seguros de que con un poco de buena suerte podríamos sacarlos a todos adelante. Me llevé a Shep al apartamento, abrí una botella de champán y brindamos solemnemente el uno por el otro y por los faisanes de cuello blanco. Fue un gran momento de triunfo, después de las desilusiones y los reveses que habíamos sufrido desde que recibimos aquellas aves.

9. La excavación del Popocatepetl

El espectáculo resulta tanto más interesante y atractivo por el imponente panorama de las cordilleras, cuyos montes, colocados caprichosamente, son una auténtica maravilla de la Naturaleza. A ello hay que añadir el clima cálido y la fauna y la flora locales.

GUÍA DE MÉXICO

Un día, cuando acababa de leer el correo y estaba ojeando las diversas revistas que llegan a mi escritorio, me llamó la atención un artículo publicado en la revista *Animals* por un tal Sr. Norman Pellam Wright. Trataba de un conejito extraño llamado conejo de los volcanes o teporingo. Yo estaba enterado de la existencia de este conejo, pero hasta leer el artículo no sabía que estaba en peligro de extinguirse. El teporingo tiene un hábitat muy limitado; no se encuentra más que en algunos de los volcanes en torno a México, D.F. Es pequeño y no vale nada como comida, pero, aunque se trata de un animal protegido por la ley, los cazadores locales lo toman como blanco para entrenarse y para entrenar a sus perros de caza. El Sr. Pellam Wright terminaba su artículo con una exhortación a que algún jardín o parque zoológico tratase de obtener algunos de estos conejillos y estableciera una colonia de cría en cautividad, por si llegaban a extinguirse en estado silvestre.

Me pareció que se trataba de una tarea adecuada para la Fundación. Era un animal que no nos causaría problemas, puesto que era pequeño, y aunque sabía que ninguno de los miembros de la familia de los conejos y de las liebres se mantienen bien cautivos, estaba seguro de que, con un poco de paciencia y perseverancia lo lograríamos. Me puse a reflexionar y pensé en todos los problemas que intervenían. Lo primero que hice fue buscar en mis libros de consulta, y averigüé que íbamos a tener un problema de alimentación parecido al que habíamos padecido con los colobos, pues el conejo de los volcanes vive a mucha altura, en medio de las altas hierbas zacatones de los pinares, y me pregunté qué tal se adaptaría a otras hierbas, pues parece que se alimenta exclusivamente de aquélla. En segundo lugar, estaba la cuestión de la altura. Este podía ser un problema verdaderamente grave, pues tendríamos que traerlos en avión de México a Jersey, lo cual significaría que llegarían de una altura como de unos tres mil metros sobre el nivel del mar a prácticamente el mismo nivel del mar. Pero supuse que de una forma u otra se podrían solucionar ambos problemas.

Estuve bastante tiempo pensando en las dificultades, pero entre tanto había muchas más cosas que hacer. No podía meterme de un salto en un barco rumbo a México a las primeras de cambio, y mientras estaba pensándolo recibí una carta del Sr. Pellam Wright. Lo curioso es que yo estaba a punto de escribirle a él sobre el tema que nos preocupaba a ambos: el de los conejos de los volcanes. En su carta me decía que había oído hablar de la Fundación y de la labor que realizábamos y que opinaba, si se le permitía el atrevimiento, que el conejo de los volcanes debía ser uno de nuestros objetivos. Me aseguró que, por su parte, estaba dispuesto a darme toda la ayuda y asistencia que pudiera si es que yo intentaba atrapar alguno. Bueno, por lo que a mí respectaba, aquello dejaba sentado el asunto. Y, además, Jacquie y yo siempre habíamos ansiado tener una excusa para ir a México y ésta era perfecta.

El sacar del país a un animal protegido por la ley no es tan fácil como parece, ni siquiera cuando lo pretende una organización científica reconocida, de modo que tanto el Sr. Pellam Wright como yo tuvimos que mantener una larga correspondencia con el Gobierno de México antes de que éste aceptara, por fin, que fuera yo a tratar de atrapar algunos conejos de los volcanes. Tras algunas investigaciones, descubrí que en México había otras tres especies que se hallaban en peligro de extinción en estado silvestre, y que también estaban protegidas estrictamente. Todas ellas eran aves. Estaba el quetzal, un pájaro precioso de color verde dorado con el pecho escarlata y una cola larga de plumas brillantes; el guan cornudo, ave del tamaño de un pavo más o menos, con un extraño cuerno puntiagudo, parecido al del rinoceronte, en la cabeza; y el loro de pico grueso, pájaro de color verde brillante con una máscara de plumas de color escarlata en la cara y toques escarlata en las alas y los muslos. Las autoridades mexicanas me dieron permiso para capturar los conejos de los volcanes y los loros, pero no el guan cornudo ni el quetzal, pues dijeron que éstos empezaban a hacerse rarísimos. En todo caso, ellos tenían sus propias ideas —que iban a llevar a la práctica dentro de muy poco— para controlar las zonas en que vivían aquellas aves. La obtención de dos permisos de los cuatro solicitados era más de lo que yo había esperado, y me sentí jubiloso con el resultado.

Empezamos a hacer planes para el viaje. Había que proyectar y construir jaulas plegables, envasar diversos tipos de comida, construir nidos y, lo más importante de todo, teníamos que encontrar un barco que llegase a Veracruz, el puerto de México más cerca de México, D.F., pues sabía que tendría que ir a la capital a presentar mis respetos a las autoridades. Por fin lo conseguimos todo, pero nos llevó varios meses de trabajo arduo y un montón de llamadas telefónicas y de cartas. Por fin nos embarcamos rumbo a México.

El grupo lo formábamos Jacquie y yo, Shep —como íbamos a capturar aves me pareció que era el más indicado para acompañarnos, y siempre que es posible me gusta que mis subordinados me vayan acompañando por turno—, Doreen, mi secretaria (Ann Peters me había dejado para tomar otro empleo) y Peggy Caird, una íntima amiga nuestra que había trabajado mucho tiempo en la BBC y ahora trabajaba por la libre. Le había pedido que viniera con nosotros por creer que podría hacer grabaciones interesantes de los animales, para que pudiéramos complementar las fotografías que esperaba hacer de nuestras tentativas de captura de los conejos de los volcanes. A Doreen la llevaba porque era una conductora de primera, y desde luego nos hacía falta alguien así en las partes de México que íbamos a visitar, y además en el viaje de vuelta pensaba escribir otro libro.

Al cabo de cuatro semanas entró en Veracruz el S.S. Remshied, y cuando atracamos subí a cubierta a ver lo que se podía ver de la ciudad. Parecía alegre, animada y cálida, y el aire olía muy bien, de modo que inmediatamente decidí que México me gustaba mucho. No es prudente fiarse de las primeras impresiones, como comprendí en seguida, en cuanto pasamos a las aduanas. Incluso en el mejor de los casos, los funcionarios de aduanas tienden a ser gente difícil, y pueden ser especialmente difíciles con un coleccionista de animales, porque tiene que llevar consigo una colección tan extraña de equipo, que va desde máquinas de picar carne hasta jeringuillas hipodérmicas, de forma que no pueden acabar de creerse que el único motivo de su visita al país sea el de capturar animales. Creen que debe ser una especie sospechosísima de viajante de comercio. Cuando pusimos nuestra montaña de material en el mostrador de la aduana, ocupaba casi ocho metros, y era suficiente para infundir sospechas a cualquier agente de aduanas.

Para sorpresa mía resultó ser una agente de aduanas, y además una mujer muy guapa. Parecía una versión ampliada de Eartha Kitt, y me agradó mucho a primera vista. Con su elegante uniforme verde y su cara preciosa, de piel moreno pálido, bastaba para calentarle a uno el ánimo, y estuve seguro de que nos íbamos a entender muy bien. Me dio un vuelco el corazón cuando vi la mueca que hacía ante la larga fila de nuestro equipaje. Parecía que no iba a portarse como esperaba yo, o sea que no iba a ser lo que se dice en Sudamérica *«simpática»* *. Por suerte, teníamos a Peggy para que actuase de intérprete, porque yo no hablo el español tan bien como para exponer con todos los matices necesarios a un agente de aduanas por qué se dedica uno a coleccionar animales. Empezó a abrirnos las maletas con aire desganado y a meterles la mano por todas partes. A este ritmo me pareció que íbamos a pasar allí horas y horas, o incluso días. Una vez, en la Argentina, las aduanas me confiscaron todo el equipo de captura, y me llevó semanas recuperarlo para poder llevar a cabo el trabajo que había ido a hacer a aquel país. Tuve la horrible sospecha de que aquello se iba a repetir en México. Cuando Eartha Kitt revolvió todo lo que había en la tercera maleta (y todavía le quedaban unas cuarenta más que recorrer) miró a Peggy con un cierto aire desdeñoso y preguntó:

—¿Todo esto es de ustedes?

—Sí —respondió Peggy.

La mujer se quedó pensativa un momento y después dijo a Peggy que pasara al otro lado del mostrador. Cuando volvió Peggy le brillaban los ojos con aire malicioso.

—Dice que quiere que le des un muerdo, o algo así —dijo Peggy.

—¿Un muerdo? —pregunté incrédulo—. ¿Qué diablos dices?

—Bueno, dice que si le das una mordida no se molestará con el resto del equipaje.

En castellano en el original (N. del T.).

Miré a Peggy sin poder creerme nada de aquello.

—Pero, ¿no está casada? —pregunté—. Me parece que es una forma muy rara de pasar el equipaje por la aduana.

—¡No, no! —dijo Peggy riéndose—. La mordida es como una especie de propina.

—¡Dios santo! —exclamé escandalizado, porque nunca había tratado, en toda mi vida, de sobornar a un agente de aduanas. Me parecía el equivalente de irle a escupir en la cara a un jefe de policía.

—Y, ¿cuánto crees que debemos darle? —pregunté cuando me recuperé de mi sorpresa.

—Voy a ver lo que quiere —dijo Peggy, que salió trotando al otro extremo del mostrador.

Volvió enseguida.

—Dice que si le damos trescientos pesos, vale —nos comunicó.

—Y eso, ¿cuánto es en libras? —pregunté.

—Unas diez libras esterlinas.

—Bueno, lo que sea, con tal de sacar este maldito equipaje.

Saqué la cartera y le di el dinero a Peggy. Esta fue al otro extremo del mostrador, donde estaba la mujer ocupada con otra gente. Yo esperaba que la entrega del soborno se hiciera con una cierta circunspección, y lo mismo de hecho, esperaba Peggy. Se puso furtivamente al acecho, como un agente secreto que no está seguro de llevar el disfraz adecuado. Al cabo de un rato la mujer la vio, se inclinó sobre el mostrador, por encima de las maletas, y sencillamente alargó la mano. Peggy, asombrada, le dio el dinero y volvió corriendo hacia donde estaba yo.

—¡Cielo santo! —exclamó—. ¡Qué descaro!

—Bueno —le dije—, por lo menos ya hemos sacado el equipaje.

Conseguimos un mozo anciano con aspecto de gnomo que nos fue sacando el equipaje, lo amontonó y dijo que se las arreglaría para que viniese un camión a llevárselo a un sitio donde pudiera estar guardado algún tiempo. Porque entre tanto, yo había descubierto otro problema. Mientras Peggy y yo nos encargábamos del equipaje, Jacquie, Doreen y Shep se estaban haciendo cargo del papeleo necesario para que desembarcaran nuestro Land-Rover. Los encontré formando un grupo, preocupados y sudorosos, del otro lado del edificio de las aduanas.

—Bueno —les dije animado—, ya está todo en orden. Ha pasado todo el equipaje. Todo en un minuto... maravilloso... Es el mejor sistema de aduanas que he visto en mi vida.

—Entonces, más vale que vengas a ver si arreglas *esto* —dijo Jacquie con tono agrio—. Parece que los documentos del Land-Rover no valen para nada.

—Dios mío —gemí—, ¿otra vez?

El agente de aduanas era encantador; más amabilidad, imposible. Pero tampoco podía estar más firme. Se temía mucho que nos hubieran dado unos documentos inútiles, y allí mismo no nos podían expedir otros válidos, porque eso no se podía hacer más que en México, D.F. Pero, le señalé, para llegar a México, D.F., nos hacía falta el Land-Rover. ¿Qué nos podía sugerir? Se encogió de hombros de esa manera típicamente latina, como un pato que se sacude el agua de las plumas. El señor * tendría que ir a México, D.F., y obtener los documentos necesarios, porque si no él no podía entregárnoslo. Lo sentía mucho, pero no podía hacer otra cosa. Nos reunimos en conciliábulo desanimado y pasamos revista a la situación.

—No hay más remedio —dije—. De todos modos, íbamos a quedarnos unos días en Veracruz, para eso tenemos las reservas del hotel. Tendremos que alquilar un coche, llegar a México, D.F., y conseguir los documentos necesarios.

—Sí, supongo que tienes razón —dijo Jacquie—. Pero me parece una pérdida de tiempo y de dinero. No entiendo por qué los idiotas del otro lado se han

* Idem.

equivocado con los documentos. Sabían perfectamente que no lo traíamos más que para unos meses.

—No vale de nada que nos pongamos a discutir —contesté—. Vamos a meter el resto del equipaje en un almacén y a instalarnos en el hotel y a ver qué pasa.

Y eso fue lo que hicimos.

Como compensación a nuestras frustraciones, el Hotel Mocambo, en las afueras de Veracruz, resultó ser un lugar tan extraño y encantador que por un momento nos hizo olvidar nuestras preocupaciones. Para empezar, era enorme, y lo había proyectado un arquitecto que, estoy seguro, o bien había estado muy influido por Salvador Dalí en su juventud o era un capitán de barco frustrado, pues por todas partes había viejas ruedas de timón de la época de los barcos de vela. Hasta el vestíbulo, que era enorme y circular, tenía una de aquellas ruedas gigantescas colgada del techo. Debía medir unos ocho metros de diámetro. Todas las ventanas tenían, en lugar de barrotes, ruedas de timón de barcos de vela. Todas las paredes estaban llenas de cuadros de barcos de vela. El resto del edificio —pues no se le puede dar un nombre menos digno que ése— era una masa de grandes escaleras que llevaban, allá y acullá, balcones abiertos que daban a los árboles y al mar, y grandes patios con columnas griegas que parecían colocadas al azar, sin el más mínimo orden. Estoy seguro de que cualquier arquitecto profesional se habría vuelto loco tras pasar una noche en aquel lugar, pero a mí me pareció tan extraordinario que me sentí fascinado.

Dedicamos el resto del día a conseguir un coche que nos llevara a México, D.F., a la mañana siguiente, y al anochecer fuimos a Veracruz mismo a comer algo mexicano por primera vez. Ya nos habían advertido que la comida mexicana era atroz, de forma que nos sorprendió agradablemente ver que era todo lo contrario. Las ostritas de Veracruz eran las más suaves y deliciosas que he comido en ninguna parte del mundo, y los camarones gigantes, partidos por la mitad y asados sobre una plancha de hojalata al fuego, eran maravillosos. Estaban asados en su propio jugo, y los caparazones estaban tan corruscantes que se podían comer junto con el cuerpo del camarón; era como comerse una especie de extraño bizcocho rosado. Además había *tortillas* * mexicanas, que nosotros no habíamos probado nunca, una especie de oblea que se podía comer en condición bastante flácida (que no me gustó) o fritas de tal modo que eran delgadísimas y turgentes, como galletas. Con ellas venían unos frijoles negros y una salsa estupenda de pimientos verdes, muy picante. Nos pusimos a reventar, y en consecuencia empezamos a sentirnos más animados.

A la mañana siguiente, Jacquie, Peggy y yo montamos en el coche y nos fuimos a México, D.F., dejando a Shep y Doreen que gozasen del antro de perdición que era Veracruz. El paisaje que recorrimos era extraordinario y totalmente inesperado. Un momento estábamos en esa especie de zona tropical que hay en torno a Veracruz, en la que hay piñas, bananas y varias frutas tropicales más, y después, al empezar a subir, el paisaje se hacía completamente diferente: árboles semitropicales de colores bellísimos y formas diversas. Después, de repente, llegamos a una zona de bosques de pinos en la que hacía fresco y tuvimos que ponernos los chalecos. Pasamos una enorme llanura estéril y al cabo de poco rato vimos ante nosotros, erguidos, los volcanes Popocatepetl, Ixtacihuatl y Ajusco, y yaciente a sus pies una enorme nube de color blanco grisáceo.

—Esa es Ciudad de México —dijo Peggy.

—¿Qué?... ¿Te refieres a esa nube? —pregunté.

—Sí —respondió—. Ya me habían dicho que era así. Es por la contaminación.

La miré encrédulo.

—¿Quieres decir que todo eso es *contaminación*? Pero ahí tienen que sofocarse.

—Bueno —dijo Peggy—. Dicen que tienen la peor contaminación del mundo.

---

* Idem.

—¡Dios mío! No va a ser nada agradable pasar ahí un par de días.

Llegamos a las afueras de la ciudad, que tenían un aire un tanto destartalado, pero en cuanto empezamos a entrar en la ciudad propiamente dicha, la arquitectura, pese a ser casi toda moderna, era bastante bonita. Lo que Peggy había dicho de la contaminación era completamente cierto: el olor del aire era casi insoportable; en él se mezclaban escapes de aceite pesado, humo, escapes de gasolina y humanidad, de forma que parecía como si los pulmones de uno jamás pudieran volver a quedar igual que antes. Si se quedaba uno atrapado en un embotellamiento de tráfico, como nos sucedió bastantes veces, se podía escoger entre levantar las ventanillas y morirse asados o tratar de respirar una vez cada cinco minutos, para tratar de eludir el cáncer de pulmón. No comprendo cómo puede la gente vivir y trabajar en México, D.F. Fuimos a inscribirnos en un hotel y después, mientras Jacquie y Peggy iban a tratar de resolver el problema del Land-Rover, yo aproveché la oportunidad para telefonear a todos los contactos que me habían dado, decirles que ya habíamos llegado y lo que queríamos hacer. Me fui a ver al Sr. Pellam Wright, que estuvo amabilísimo y muy servicial y me dio todo género de información útil. Después fue conmigo a ver al doctor Corzo, que es el encargado de la conservación de la fauna de México, y a su segundo de a bordo, el doctor Morales. Expliqué al doctor Corzo lo que me proponía y enseguida accedió a todo, aunque —pese a que se lo imploré con lágrimas en los ojos— no accedió a darme un permiso para el guan cornudo. Según parece, iban a crear una reserva especial para estas aves y a ponerle unas patrullas especiales, de forma que no pudiera haber caza furtiva. Aunque lamenté no poder convencerlo a este respecto, por lo menos celebré saber que se estaba haciendo algo constructivo para conservarlas en estado silvestre.

La gente de la empresa Shell de México, D.F., estuvo muy servicial, y utilizamos su oficina como dirección postal durante nuestra estancia. Un día, que estaba allí me vio por casualidad el jefe, el señor McDonald, mientras yo preguntaba si había correo para nosotros, y me pidió que fuera a su despacho.

—Dígame —preguntó—, ya sé que son ustedes cinco, pero, ¿necesitan alguien más que los ayude?

—Bueno..., quizá... —dije prudente, pensando que quizá tuviera una tía soltera a la que le encantaban los animales desde su infancia y creía que le gustaría venir con nosotros—. ¿Por qué?

—Hay un chico que conozco —respondió—. Es un muchacho de primera, se conoce el país de cabo a rabo, naturalmente habla español y además le gustan mucho los animales. De momento está esperando volver a la Universidad, pero le quedan un par de meses de vacaciones, y me estaba yo preguntando si no sería la persona indicada para acompañarlos. Además, tiene coche propio, que también puede ser útil.

Aquello sonaba muy prometedor. Necesitábamos un segundo vehículo, y habíamos estado investigando las posibilidades de alquilarlo, pero los precios eran tan astronómicos que, con nuestros recursos cada vez menores, no podíamos permitirnos aquel lujo. Si aquella persona tenía coche propio, por lo que a nosotros respectaba podía resolvernos el problema.

—¿Cómo se llama? —pregunté al señor McDonald.

—Dix Brach —me contestó—. ¿Quiere que le diga que vaya a verlo al hotel? Si no quiere, no hace falta que le diga nada.

—Sí, dígale que venga esta tarde. Hacia las cinco.

A las cinco bajé al vestíbulo del hotel y me encontré con un joven alto, ágil y de buen tipo, con pelo negro y largo que tendía a caerle sobre la frente y unos ojos grandes y melancólicos. Me gustó al instante, aunque, al cabo de cinco minutos de conversación, descubrí que se tomaba la vida muy en serio, por no decir que demasiado en serio. Le expliqué lo que queríamos hacer y le pregunté qué clase de coche tenía. Cuando me dijo que un Mercedes, se me levantó el ánimo, y cuando fuimos a inspeccionarlo vi que la maleta era tan enorme que prácticamente cabía en ella la mitad de nuestro material. Dije que, por mi parte, estaba dispuesto a cubrir sus gastos de viaje si quería venir con la expedición para ayudarnos en nuestro trabajo. Lo aceptó. A partir de aquel momento, Dix nos resultó inapreciable. No sólo conocía todas las calles y las callejas de México, los mejores sitios para comer, las mejores tiendas para comprar lo que necesitábamos, sino que además tenía una paciencia incansable para los tratos con los funcionarios, cosa que nos era muy necesaria en las últimas fases del viaje.

Jacquie y Peggy no estaban teniendo suerte con el problema del Land-Rover. Las autoridades no hacían más que mandarlas de una oficina a otra, y al final de cada día volvían con aire de total agotamiento e irritadísimas. Así pasamos una semana cuando, un día, volvieron y nos encontraron a Dix y a mí sentados en aquel extraño vestíbulo del hotel, lleno de palmeras, mientras nos tomábamos unas bebidas frescas. Se hundieron agitadas en sus sillas.

—Lo hemos logrado —dijo Jacquie.

—Maravilloso —exclamé—. Pero no tenéis un aire demasiado entusiasmado.

—Es que no estoy entusiasmada —dijo Jacquie—. ¿Sabes lo que ha pasado? Esos idiotas de Veracruz... es culpa *suya.* Hubiéramos podido traernos el Land Rover directamente. Los números que tenían apuntados no eran los nuestros.

Peggy gimió:

—No quiero volver a una oficina del Estado en mi vida —dijo.

—¿Queréis decir que ya podemos ir a sacar el Land-Rover? —pregunté.

—Sí. Está todo arreglado —dijo Jacquie—. Han telefoneado a Veracruz y les han echado una bronca, celebro decirlo. De manera que nos podemos ir mañana.

En el camino a Veracruz, a la mañana siguiente, fui esbozándole mi plan a Dix. Aunque me habían negado el permiso de captura del guan cornudo y el quetzal, quería, por lo menos, ver el tipo de paisaje en el que habitaban. Por eso sugerí que, como prólogo, en cuanto sacáramos el Land-Rover y ordenáramos un poco el equipaje, cruzáramos todo México y llegásemos hasta la frontera de Guatemala, que era la zona en la que vivían aquellas aves. Supuse que aquello nos daría una visión general de México, y había muchos sitios interesantes que visitar *en route.* Después de eso volveríamos a México, D.F., estableceríamos una base en la ciudad y empezaríamos a trabajar por las pendientes de los volcanes en busca del teporingo.

Sacamos nuestro Land-Rover de las garras de los funcionarios de aduanas, que ahora estaban serviles y llenos de excusas, fuimos poniendo en orden el equipaje en el macabro contexto del Mocambo y dejamos en la custodia del hotel las cosas que no creímos fuéramos a necesitar. Una vez hecho esto, estábamos dispuestos, de forma que, una mañana, al amanecer, nos pusimos en marcha para recorrer México hasta la costa del Pacífico y después hasta la frontera con Guatemala.

No creo haber viajado, en ninguna parte del mundo, por un país tan extraordinariamente variado en un espacio de tiempo relativamente tan corto. La primera parte del viaje nos llevó por las llanuras de Veracruz por una zona de arroyos y canales subtropicales donde vimos enormes cantidades de aves. Había grandes bandadas de quíscalos de cola de barco, que cruzaban volando la carretera como congregaciones de ratitas negras con pico cortos y fuertes. En los arroyos y los canales, que estaban llenos de algas de diferentes tipos, había muchas jacanas o trotalirios, esos extraños pajaritos de dedos alargados que les permiten pasearse por las plantas acuáticas que yacen en la superficie del agua. A simple vista, al verlas avanzar, balanceándose apresuradas por entre los nenúfares y demás plantas que crecían en los canales con tanta profusión, cabría confundirlas con gallinas de agua, pero cuando los coches las asustaban se echaban a valor y se les veían aquellos dedos larguísimos, y de pasada un vistazo de la raya amarilla como el diente de león de la parte inferior de las alas, mientras salían para ponerse a salvo. Vimos muchas garzas de tipo de barca, que a mí me parecen más lúgubres de todas las aves acuáticas, con su pico chato en forma de barca y sus ojazos melancólicos, sentadas en grupos en los árboles, con aquellos picos extraños metidos en el pecho, como de Patos Donald deprimidos.

Pasamos por aldeas y pueblos que eran unas neblinas azuladas de jaracandás, y donde hasta las mismas casas parecían estar hundidas bajo el peso de grandes chalés de buganvilias púrpuras, rosas, naranjas, amarillas y blancas. Después, cuando empezó a subir la carretera, pasamos por selvas casi tropicales, donde las ramas de los árboles estallaban en cascadas verdes de una hiedra verde grisácea, y los troncos de los árboles quedaban a veces totalmente oscurecidos por las orquídeas y otros epífitos que crecían sobre ellos. Allí, los lados de la carretera, que caían a pico, estaban cubiertos por un tapiz de plantas menores y arbustos, y en particular por grandes masas de helechos gigantes. La flora era tan variada y tan extraordinaria que me maldije por no saber más botánica.

Mientras viajábamos por aquella magnífica región empezó a llover, y a llover como no puede llover más que en los trópicos. Caían a plomo grandes cuajarones de agua, de modo que la carretera, que era de tierra apisonada, se convirtió inmediatamente en una ciénaga peligrosa, y no se podía ver más que a unos centímetros de distancia. Jacquie, Doreen y Shep iban en el Land-Rover, y Peggy, Dix y yo en el Mercedes, que iba el primero. Llevábamos al Land-Rover detrás, de modo que si el Mercedes —por uno u otro motivo— tenía un problema, el Land-Rover pudiera sacarlo de él. Como aquella cortina de agua había reducido la visibilidad a cero, alegré el tiempo leyendo algunos extractos de una guía estupenda que había tenido la suerte de encontrar en México, D.F.

—¿No vamos a parar en Acapulco, verdad? —pregunté a Dix, porque mi conocimiento de la geografía de México era todavía un tanto vago.

—No —dijo Dix con voz sombría—, y tampoco es un sitio al que aconseje ir. No es más que un lugar de recreo.

—Bueno, pues según este libro resulta fascinante. Escuchad esto:

«Su especial topografía ofrece unos panoramas impresionantes: bahías y ensenadas tranquilas y cristalinas; playas que merece la pena ver por las olas enormes que las bañan; las aguas son tibias, igual que el clima, con brisas suaves casi todo el año (25º), lo cual permite llevar poca ropa. Es raro que no brille el sol, y cuando llueve suele ser por la noche. La gente del lugar mantiene las costumbres antiguas, especialmente en cuanto al vestido» *.

—Maravilloso —dijo Peggy—. Qué lástima que no vayamos por ahí.

En aquel momento sufrimos un pinchazo y tuvimos que bajarnos Dix y yo a cambiar la rueda, aunque la mayor parte del trabajo lo hizo Dix. Volvimos empapados al coche y seguimos a paso de caracol nuestro camino, entre lluvias torrenciales. Cuando me sequé el agua de la cara, el pelo y las manos volví a enfrascarme en mi guía.

—Bueno, *éste* es el sitio al que deberíamos ir —comenté—. Escuchad:

«Debido a su clima templado, a sus cielos claros y a su sol, brillante, casi todo el año, se puede considerar que éste es el sitio ideal para el descanso. Los habitantes son muy hospitalarios y amistosos, de modo que el visitante se siente en su casa, y la apacibilidad de esta ciudad resulta un veradero alivio para quienes buscan un sitio donde relajarse los nervios rotos debido a la excitación de la forma de vida actual. Su parroquia y su pintoresca plaza mayor merecen una visita, así como el mercado» **.

Por fin cesó la lluvia, y poco después llegamos al final de la selva tropical y, con esa forma extraordinaria de cambiar que tiene la vegetación en México, pasamos directamente de la selva tropical a los pinares de monte. Cuando se aclaró el cielo nos paramos un momento a tomar el café que Jacquie había tenido la

---

* Retraducido del inglés. (N. del T.)

** Idem.

buena idea de preparar. Mientras que hacía diez minutos estábamos sudando copiosamente en el calor tropical, ahora el aire era tan fresco y tonificante que hubimos de ponernos toda la ropa más de abrigo que pudimos encontrar.

De pronto la carretera se volvió loca y empezó a retorcerse en bajadas a valles y subidas a montañas entre precipicios, en vueltas y revueltas. Según avanzábamos, la vegetación se iba haciendo cada vez más extraordinaria. En los valles se daba toda la lujuria de los trópicos, y después, al cabo de unos minutos de subida por una carretera empinada de montaña, se encontraba uno con una gran expansión que recibía el sol de plano, seca y disecada, cubierta de fila tras fila de árboles sin una sola hoja, con unos troncos del color rojo sedoso más bonito imaginable. Tanto los troncos como las ramas estaban tan retorcidos que, kilómetro tras kilómetro, parecía como si estuviéramos atravesando por entre un enorme *corps de ballet* congelado. Y de pronto se le daba la vuelta a una curva y ya no se veía ni un solo árbol rojo, pues se habían visto sustituidos por otros parecidos, sólo que cubiertos de una corteza gris plateado que emitía un brillo casi metálico donde le daba el sol. Tampoco éstos tenían ni una hoja.

Al pasar otra curva desparecían totalmente los árboles y en su lugar se erguían unos cactus gigantescos, algunos de ellos de más de seis metros de altura. Eran del tipo de candelabro, o sea, de los que tienen unos brazos largos y curvados que se separan del tallo principal, de forma que parecen como unos candelabros gigantes y verdes que llenan todo el paisaje de la montaña. Por allí volaban halcones imposibles de identificar, que trazaban lentos círculos en el cielo azul, como diminutas cruces negras, y a menudo cruzaba la carretera al galope un correcaminos, extraña ave con cresta y cola larga y unas patas enormes. Al correr, casi se daban con los dedos en el pico, y se inclinaban hacia adelante con el aire serio de quien está decidido a batir el récord de la milla. Tantas aves, y la superabundancia de flora, me hicieron desear que pudiéramos pararnos más a menudo en la carretera, pero sabía que el hacerlo nos sería fatal, pues no podíamos pasar mucho tiempo en México, debido a la escasa cantidad de divisas que el Banco de Inglaterra nos permitía de mala gana sacar. Era una carrera contra reloj.

Poco después llegamos a un pueblo llamado Tule. Dix me sorprendió al estacionar el coche cuidadosamente junto a la valla de algo que parecía ser un parque con una iglesia dentro. El Land-Rover se puso inmediatamente detrás de nosotros.

—¿Para qué nos paramos aquí? —pregunté.

—Para ver El Arbol —dijo Dix con su tono triste de costumbre y pronunciando «el árbol» como si estuviera escrito con mayúsculas—. Peggy quiere verlo.

—Y, ¿qué diablos es El Arbol? —pregunté.

—Pero, ¿no lo *sabes*? —dijo Peggy excitada—. Es el árbol que viene a ver todo el mundo en México.

Miré a la carretera. Aparte de tres muchachitas con ojos de gacela y vestidas de harapos, que jugaban en medio del polvo, no se veía un alma.

—Pues no parece ser demasiado popular como atracción turística —comenté.

—Pero *tienes* que ir a verlo —dijo Peggy muy seria—. Es imprescindible. Es uno de los árboles más antiguos del mundo.

—Bueno, en tal caso habrá que ir —dije.

Salimos del coche y en aquel momento oímos el sonido de una extraña música como de dulzaina y el batir monótono de un tambor. Pasamos la puerta del parquecillo en medio del cual estaba la diminuta iglesia y allí, erguido como una torre y cuidadosamente protegido por una cerca que lo rodeaba entero, estaba El Arbol. Me dejó impresionado. No es sólo que fuera increíblemente alto —de hecho, creo haber visto árboles más altos—, sino su fenomenal aspecto lo que le dejaba a uno sin aliento. Tenía una copa inmensa y altísima, llena de hojas susurrantes, sobre un tronco cuyas proporciones le dejaban a uno boquiabierto; un tronco cuyas enormes raíces salían desafiantes de tierra, lo que le hacía parecerse a la garra de una enorme ave de presa, quizá como el Ave Roc de Simbad o algo por el estilo. Yo no sabía nada de su historia ni de su edad, pero incluso en mi ignorancia, sabía que aquel era el superárbol de todos los tiempos. Nos sentimos todos muy impresionados, salvo Dix, que ya lo había visto antes. Pero incluso él se quedó mirándolo con una especie de temor reverencial, porque le apasionaban los árboles.

—Dicen —observó Peggy en voz baja, como la que se emplearía ante una deidad—, dicen que tiene tres mil años. Ya era un árbol grandísimo —enorme— cuando pasó por aquí Cortés, porque los habitantes se lo enseñaron.

Contemplé aquella cascada de hojas que tenía ante mí y pensé que en tal caso ya debía ser un arbolito mil años antes de que naciera Cristo.

Además de nosotros, allí no había nadie, más que un indio anciano y ciego vestido con unos harapos desteñidos y un sombrero viejo de paja que tocaba en una flauta una extraña melodía desconocida, casi oriental, y a su lado un muchachito de seis o siete años que tocaba un ritmo complicado en un tambor. No nos hacían el menor caso.

—¿Qué crees que hacen? —preguntó Peggy, pues seguían sin prestarnos atención y, por consiguiente, es de suponer que no estaban tratando de que les diéramos unos pesos.

—Te apuesto a que le está tocando al árbol —dijo Jacquie.

—¡Dios mío! —exclamé—. A lo mejor es eso. Anda Peggy, pregúntale.

—Bueno, la verdad es que no me gusta interrumpirlo —dijo Peggy, que tendía a ponerse tímida en momentos así.

Pero en aquel momento llegó la oportunidad, porque el hombre se apartó la flauta de los labios para secarse la boca y se quedó frente al árbol, y el muchacho dejó de tocar el tambor y se quedó mirando al suelo y dibujando surcos en la tierra con los pies descalzos.

—Anda... Ve a preguntarle ahora.

Peggy, con aire un tanto tímido, se acercó y oímos que hablaba en voz baja con el hombre. Volvió con la cara iluminada por una sonrisa.

—Es verdad que *está* tocándole al árbol —dijo—. ¡Es verdad que *está* tocándole al árbol!

—¿Lo véis? —dijo Jacquie triunfal—. ¡Ya lo sabía!

—Pero, *¿por qué* le toca al árbol? —pregunté.

—No he querido preguntárselo —dijo Peggy—. Me pareció que sería... bueno, una impertinencia.

—Pues, pues yo creo que deberías grabarlo —dije.

Peggy sacó del coche sus grabadoras y cuando el hombre se volvió a llevar la flauta a los labios, miró al árbol con los ojos ciegos y empezó a tocar, grabó toda la melodía.

Me pregunté si tocaría al árbol con la esperanza de que éste le devolviera la vista. O si sería meramente porque aquel era el superárbol de todos los tiempos. Ninguno nos atrevimos a preguntárselo, y al cabo de un rato nos fuimos del jardincillo y volvimos a los coches. Al alejarnos podíamos seguir oyendo la melodía triste de la flauta del ciego y el rataplán del tambor del niño mientras ellos seguían tocando su música al árbol gigante.

Nuestro recorrido hasta la frontera de Guatemala para tratar de ver el guan cornudo y el quetzal, quedó totalmente abortado, aunque el viaje en sí fue fascinante. Terminamos en la aldea de San Cristóbal, y a partir de allí no pudimos seguir, porque en Guatemala había disturbios políticos y fuerzas guerrilleras maniobraban a ambos lados de la frontera. Nos advirtieron que si un grupo con aspecto tan rico como el nuestro se aventuraba más allá, podíamos encontrarnos con alguna de las partidas guerrilleras, en cuyo caso lo más seguro era que nos disparasen a las primeras de cambio para quedarse con nuestro equipo y nuestra ropa y el dinero que llevásemos encima. Con gran disgusto nuestro nos dimos la vuelta e iniciamos el camino de vuelta a México, D.F.

Cuando llegamos a la ciudad, decidimos que nos resultaría más barato alquilar un apartamento, y gracias a los buenos oficios de un amigo de la Shell logramos encontrar uno que era ideal. Era céntrico, tenía tres dormitorios dobles, dos cuartos de baño y una sala de estar enorme y una cocina. Una vez instalados en él, nos dedicamos cada uno a lo nuestro, pues las mujeres querían ir de tiendas y ver los monumentos, mientras que Dix y yo íbamos a dedicarnos a la captura de conejos.

Decidí que hiciésemos nuestra primera tentativa en el mismo Popocatepetl, de forma que una mañana, muy temprano, apilamos todo nuestro equipo en el coche y salimos hacia el gran volcán. A medida que íbamos subiendo más alto iba haciendo más frío, echamos una mirada atrás. A la pálida luz de la madrugada, en el gran cuenco formado por el anillo de volcanes, veíamos el abigarrado conjunto de México, D.F., un resplandor de luces de colores, porque a aquella hora de la mañana, todavía no se levantaba la nube de la contaminación. Por la tarde, y desde aquella misma elevación, no se hubiera podido ver la ciudad en absoluto.

En la base del Popocatepetl había varios hoteles pequeños. Escogimos el que tenía un aspecto menos mal y nos instalamos en él. El dueño del hotel era un mexicano locuaz y astuto. Le preguntamos por los conejos de los volcanes, pues era aficionado a la caza y tenía dos perros de caza. Nos dijo que había conejos de los volcanes hasta el borde de la nieve, y que trataría de ponerse en contacto con un amigo suyo que quizá nos pudiera ayudar. Mientras esperábamos a que se materializara aquel amigo, subimos en coche por el volcán, hasta donde lo permitía la carretera, y entramos en el Parque Nacional del Popocatepetl, pues supuse que si hablábamos con los guardas del parque seguro que nos podrían dar información sobre los sitios que frecuentaban los teporingos. La carretera subía en zig-zag por el volcán, y al cabo de poco rato nos encontramos enmedio de un pinar muy denso. La hierba que crecía allí era la de zacatón, en grandes matas doradas, como enormes pelucas sin peinar. Cuando por fin llegamos al parque y salimos del coche el clima era magnífico, con un aire tan limpio y tonificante que casi le dolían a uno los pulmones al respirar. Por encima de nosotros se erguía la enorme cúpula de nieve que era la cima del volcán. Nos costó algún trabajo encontrar un guardabosques, pero cuando por fin encontramos a uno, se puso a hablar con gran elocuencia de los conejos de los volcanes. Sí, los conocía y los había visto muchas veces en diferentes partes del parque y en las faldas del volcán. De hecho, incluso había atrapado a un par de ellos.

—Y, ¿dónde están? —le pregunté.

—Ah —dijo—, me los comí.

Se trataba de un animal que, al menos sobre el papel, es una de las criaturas más protegidas de México, y quien nos decía eso era un guardabosques, y nos lo decía en el interior de un parque nacional. Este tipo de cosas no es frecuente sólo en México, sino que ocurre en todo el mundo, donde los animales reciben lo que yo califico de «protección de papel», pero en realidad no están protegidos.

Tras determinar que por lo menos, y pese a los esfuerzos del guarda, todavía quedaban algunos teporingos, volvimos al hotel, donde nos encontramos con que el propietario ya había encontrado a su amigo y lo había traído para que lo conociéramos. Era un tipo grande y fuerte, con una cara ancha y enorme, bastante parecida a las esculturas mayas menos atractivas, y tenía unos ojillos astutos que casi parecían demasiado chicos para aquella cara. Pero desde luego parecía estar informado de los paraderos y las costumbres de los conejos de los volcanes. Nos dijo que la única forma de atraparlos era sacarlos de sus madrigueras. Se trataba de un proceso laborioso, pero sugirió que con otros dos hombres, más él mismo, Dix, Shep y yo podríamos conseguirlo. Así que convinimos en volver al volcán a la mañana siguiente para iniciar nuestra primera caza de conejos.

Yo ya había leído todo lo que había podido sobre el conejo de los volcanes y sus costumbres —que era muy poco, pues nadie parecía haberlo estudiado muy a fondo—, y sabíamos que no vivían más que en la hierba zacatón y prácticamente no comían otra cosa. Hay un autor que comenta que también comen una especie aromática de hierbabuena silvestre que crece en la zona, pero nunca pudimos encontrarla, ni mucho menos ver a un conejo que se la estuviera comiendo. Pronto descubrimos que la hierba zacatón no es el terreno más fácil en que ir a capturar nada. Es alta —llega a medir casi un metro—, de color amarillo dorado muy pálido, y crece en matojos enormes sobre el suelo volcánico, negro y blando.

En este suelo, los conejos excavan madrigueras largas y complicadas. Bajo la hierba zacatón que las recubre establecen toda una red de pequeñas pistas, casi como túneles, y parecen sentarse a comer en las matas de zacatón; para comer les da lo mismo que sea la hierba joven o vieja, pues vimos varias matas que se habían ido comiendo hasta dejarlas aplanadas, como un césped recién segado, sin dejar más que un cerco de hierba alta en el borde. Fuimos subiendo por las faldas del Popocatepetl hasta unos 3.000 metros de altura, con toda calma, mirando en todas direcciones a ver si encontrábamos indicios de conejos de los volcanes. En realidad, yo no creía que tuviéramos la más mínima esperanza de ver ni uno, pues estaba seguro de que el ruido del coche los haría salir corriendo a meterse en las madrigueras. Pero entonces dimos la vuelta a una curva y, con total asombro de mi parte, nos encontramos con un teporingo sentado como un centinela encima de una gran mata de zacatón.

Pese a que hicimos alto con gran chirrido de frenos, el teporingo, muy educado, no nos hizo ni caso y se quedó allí sentado. Aunque no estaba más que a unos diez metros de distancia, lo examiné detenida y ávidamente por los prismáticos. Tenía aproximadamente el tamaño del conejo doméstico llamado Enano de los Países Bajos, es decir, aproximadamente como un conejillo de Indias regordete. Tenía las orejas pequeñas y muy redondeadas completamente pegadas a la cabeza, de manera que había que mirar de cerca para vérselas, y no se le podía ver ni rastro de cola. De color era sobre todo marrón, con un circulito blanco en torno a cada uno de los ojos, de forma que éstos se destacaban mucho, y el pelaje adquiría una especie de lustre verdoso cuando le daba el sol. Tras asegurarme que verdaderamente era éste el animal que había venido a buscar desde tan lejos, y no otra de las especies de conejo que habitan en México, salimos todos del coche como un solo hombre. Entonces el teporingo dio un chillido chirriante, como el que se hace al pasar un dedo mojado por un globo —pero más penetrante—, dio un salto vertical en el aire, volvió a aterrizar en la mata de hierba en que estaba sentado y utilizó ésta como un trampolín para hundirse en el zacatón y desaparecer.

Inmediatamente nos pusimos al trabajo. Montamos una red en torno a toda la zona y empezamos a buscar bajo las matas de zacatón para bloquear los agujeros de salida que pensamos tendría su madriguera. Tras hacer eso nos concentramos en la madriguera por la que creíamos había bajado, y empezamos a excavar. Dix, Shep y yo no estábamos acostumbrados a aquella altura, y nos encontramos con que la menor actividad nos dejaba sin aliento. Incluso la colocación de las redes, que en sí misma es una operación muy sencilla, nos había dejado jadenates y sin aliento, como caballos viejos camino del matadero. De forma que cuando hubo que empezar a cavar lo encontramos tan agotador, sin exagerar, que al cabo de un rato hubimos de sentarnos y dejar la operación en manos de nuestros tres cazadores. Estos no parecían afectados en absoluto, y siguieron cavando con gran vigor, sin que al parecer la altura los cansara nada. Siguieron cavando y crearon una montaña de tierra volcánica blanda, casi como polvo, a medida que excavaban la madriguera, pero de teporingos nada. Era evidente que había algún pasaje lateral que no habíamos descubierto y habíamos dejado sin bloquear, y por él se había escapado. Me sentí muy desilusionado y comprendí que la captura de conejos de los volcanes por aquel método no iba a ser nada fácil. Pero cuando seguimos avanzando por la falda del Popocatepetl y encontramos una zona que sabíamos estaba habitada por los conejos, nos volvimos a poner a la obra.

Primero buscamos una madriguera cerca de la cual hubiese excrementos recientes, para tener una seguridad razonable, antes de ponernos a cavar, de que estaba habitada. Después volvimos a iniciar el laborioso proceso de tapar todos los demás agujeros que pudimos encontrar en los alrededores, y nos pusimos a excavar otra vez. Lo hicimos cinco veces, y las cinco veces sin éxito. Después, por fin, a la sexta excavación, tuvimos suerte. Uno de los cazadores que estaban cavando dio un gritito inarticulado, se puso de rodillas en la tierra negra, metió las manos en lo que quedaba de la madriguera que estaban excavando, y sacó de un tirón un conejito de los volcanes joven, de ojos brillantes y perfectamente vivo. Tras una tentativa inicial de fuga, no hizo movimiento alguno, sino que se le quedó inmóvil en la mano. Temeroso de que hubiera padecido un trauma vimos a toda prisa de qué sexo era, anotamos que era hembra y la transportamos con el mayor cuidado a una de las jaulas que nos habíamos traído.

Como sabíamos que tanto los conejos como las liebres tienen una tendencia a ponerse nerviosísimos cuando se los captura, y es muy fácil que se maten de un salto contra la madera o la tela metálica si se les acerca demasiado el que consideran su enemigo, me daba un cierto miedo de que nuestra primera teporinga hiciera eso mismo al meterla en la jaula. Había dispuesto una chaqueta para taparla con objeto de que se sintiera más segura. Pero cuando la metimos en la jaula se limitó a quedarse sentada y contemplarnos plácidamente. Al cabo de un ratito le acerqué lentamente una mano y raspé suave la tela metálica, a ver qué pasaba. Me quedé muy asombrado cuando la teporinga dio un saltito, se acercó a la rejilla y se puso a olerme el dedo.

Era como si hubiéramos capturado un animal doméstico, en lugar de un animal silvestre, de lo mansa y flemáticamente que se tomaba el asunto.

Ya empezaba a anochecer, y el gran gorro de nieve del Popocatepetl se iba adquiriendo un delicado matiz sonrosado con la caída del sol. Cuando terminé de contemplar orgulloso nuestra cautiva decidí que lo mejor sería llevárnosla directamente a México, D.F., a ver cómo se iba adaptando, antes de continuar adelante. Así lo hicimos, y en el viaje de vuelta a la ciudad estuve meditando sobre el tema de los conejos de los volcanes y su captura. Era evidente que si íbamos a perseguirlos a aquellas alturas, nosotros tres éramos inútiles como cazadores, precisamente por la altura, pero yo sabía que también existían en pequeñas bolsas en puntos más bajos del gran volcán. Me pareció que lo más sensato sería escoger varias de las aldeas que había a los pies del Popocatepetl y utilizar el método que ya había empleado antes en muchas partes del mundo, que consistía en avisar a los habitantes y ofrecer un precio razonable por los teporingos sanos y salvos que nos trajeran. Pero antes de hacerlo, quería tener la seguridad de que la teporinga que ya habíamos capturado iba a asentarse y a adaptarse a la cautividad. Una cosa es capturar al animal que se busca, reflexioné, pensando en amargas experiencias del pasado, y otra muy distinta tratar de mantenerlo vivo.

Cuando volvimos al apartamento de la ciudad colocamos reverentemente a la teporinga, en su jaula de tela metálica, en una gran hoja de papel de periódico en el cuarto de estar, en medio del piso, y después nos fuimos a un mercado local, en el que compramos diferentes tipos de frutas, verduras, legumbres y hierbas, tanto como pudimos encontrar. Cuando llegamos al apartamento, la teporinga parecía estar tan tranquila como en el momento en que la atraparon. Le preparamos cuidadosamente la comida y la contamos: tantos tallos de esto, tantos tallos de lo otro, tantos pedazos de manzana, etcétera, de forma que pudiéramos saber qué era exactamente lo que le habíamos puesto en la jaula y qué era lo que se comía si es que comía algo, y qué prefería. Después le pusimos las golosinas en la jaula, la tapamos para que la jaula estuviera medio a oscuras y le diera más sensación de seguridad, y volvimos a salir.

Cenamos estupendamente para celebrarlo y cuando volvimos, al cabo de tres horas, destapé la jaula con mucho cuidado a ver si había comido algo. No esperaba en absoluto que hubiera comido nada, pues en general a los animales capturados en estado silvestre les lleva algo de tiempo adaptarse, y sabía que aquella comida era algo completamente nuevo para ella. Por eso me sentí un tanto incrédulo al ver que se había comido casi todo lo que había en la jaula, salvo unas hierbas que aparentemente no le gustaban. Se había comido hasta la manzana, cuando yo pensaba que no iba ni a tocarla. Aunque aquella reacción me encantó, sabía que todavía tendríamos que esperar unos días para estar seguros de que la nueva dieta no iba a afectarla en ningún sentido y no le iba a producir una enteritis o cualquier enfermedad parecida, que podría matarla fácilmente. Pero como principio, era de primera; casi demasiado bueno para ser verdad.

Al día siguiente dejamos a la teporinga al cuidado de Jacquie, y Dix, Shep y yo nos fuimos a investigar las aldeas que había al pie del Popocatepetl. Eran unas cuantas, pero consideramos que sólo dos de ellas estaban lo bastante cerca de colonias de teporingos. Nos entrevistamos con el equivalente del alcalde de cada una de ellas, le dijimos lo que pretendíamos y ofrecimos lo que, para unos mexicanos tan pobres, era un precio alto por cada teporingo que nos trajeran sano y salvo. Los dejamos provistos de una cantidad adecuada de jaulas y les prometimos que volveríamos al cabo de dos días a ver si habían tenido buenos resultados.

Me pasé dos días contemplando a nuestra conejita como un halcón, a ver si daba muestras de inquietud o malestar, pero siguió estando igual de plácida y, con el aire de un «gourmet», se comía prácticamente todo lo que le poníamos en la jaula. Yo esperaba fervientemente que en las dos aldeas que habíamos visitado tuvieran éxito, porque se estaba acabando el tiempo previsto de nuestra estancia en México, y aunque habíamos logrado lo que pretendíamos en un principio, una sola hembra no nos valía de nada. Lo que queríamos era el total de ejemplares que se me había autorizado, diez en total, de los cuales esperaba que cuatro por lo menos fueran machos. Así podríamos establecer una colonia con alguna esperanza de reproducción.

Ahora que comprendía las dificultades de obtener los teporingos, había tachado mentalmente, por así decirlo, de la lista la otra especie que me habían dado permiso para capturar, pero que suponía no tendríamos el tiempo de adquirir. Es decir, el loro de pico grueso. Pero en los dos días que teníamos que esperar antes de volver a las aldeas, para ver si habían capturado más teporingos o no, tuvimos un golpe de suerte extraordinario. Me habían hablado de un vendedor de animales que tenía tienda en las afueras de la ciudad, y aunque sabía que los vendedores de animales estaban muy controlados por el Ministerio y no se les permitía vender ninguno de los animales estrictamente protegidos, pensé que merecía la pena ir a visitarlo a ver lo que tenía. Cuando llegamos vi encantado que tenía una jaula con tres parejas de aquellos loros que saltaban y se paseaban, alegres y ruidosos, con expresión traviesa en la mirada y un plumaje sanísimo. Tras una larga negociación, compré las tres parejas y nos las llevamos triunfantes de regreso al apartamento. Eran muy jóvenes y estaban en perfectas condiciones, de forma que Shep se quedó extasiado con ellos. Aunque eran maravillosos, brillantísimos, y yo estaba encantado por haberlos conseguido con tan poco esfuerzo, me seguí concentrando sobre todo en el problema de los conejos de los volcanes. Tras haber logrado una, sería un rudo golpe que no pudiéramos obtener más y tuviéramos que llevarnos a esta hembra para liberarla en el mismo sitio en que la habíamos capturado, lo cual significaría el fracaso de toda la expedición.

Pasaron los días y fuimos visitando las dos aldeas a

intervalos regulares. Nos aseguraron que habían cavado y cavado sin ningún éxito, cosa que me resultaba muy fácil de creer. Lo único que podía hacer yo era subir el precio que estábamos dispuestos a pagar por los conejos hasta un nivel astronómico, con la esperanza de que eso constituyera el incentivo necesario para que decidieran seguir intentándolo aunque fracasaran muchas veces. Pero a cada vez que volvíamos de las aldeas con las manos vacías me sentía más deprimido.

Pero, un día, pareció que cambiaba nuestra suerte. Seguimos haciendo nuestras visitas rutinarias a las aldeas y en una que se llamaba Parras, en cuanto paramos el coche en la polvorienta calle mayor, frente a la casa del alcalde, comprendimos por la forma en que salió éste corriendo sonriente y llamándonos con la mano que había tenido éxito. Nos llevó a su casa y hasta su patio diminuto, y allí, en las jaulas que le habíamos dejado, había tres teporingos. Estaban todos ilesos, sentados plácidamente en sus jaulas y aparentemente tan flemáticos ante su captura como nuestro primer ejemplar. Los levantamos cuidadosamente para ver de qué sexo eran, y se me hundió algo el ánimo, porque resultó que todas eran hembras. Pero más valían cuatro teporingas que ninguno, de forma que le pagamos al triunfal alcalde por los conejos y nos los llevamos al apartamento. A título de experimento pusimos a dos en una jaula, pero pronto advertimos que tendían a pelearse, de forma que había que mantenerlas en jaulas separadas.

Las conejas nuevas se aficionaron con la misma rapidez que la primera a la nueva dieta que les teníamos preparada, lo cual era buena señal. Lo único que me preocupaba de verdad era que ya no nos quedaba tiempo. No faltaban más que unos días hasta que Shep tomara el avión de vuelta a Jersey con lo que hubiéramos logrado adquirir hasta entonces, y lo único que no teníamos era nuestro cupo total de teporingos. Lo peor de todo era que no teníamos ni un macho. Un par de días después de la marcha de Shep teníamos que ir los demás a Veracruz para tomar el barco, de forma que no nos quedaba tiempo para capturar más conejos de los volcanes. Ahora ya íbamos a las aldeas todos los días para incitar a los habitantes a seguir intentándolo, y subimos el precio hasta una cantidad absurda, pero aunque evidentemente lo intentaban, no nos llegaban más teporingos. Desesperado, consideré que no quedaba más que una cosa que hacer. Me llevé a Dix para que actuase de intérprete y volví a ver al Dr. Morales, del Ministerio de Agricultura, para explicarle mi problema. Señalé que, después de haber venido de tan lejos y de haber gastado tanto dinero para tratar de obtener los conejos de los volcanes, el llevarme a Jersey nada más que cuatro —y encima todas hembras—, era desalentador, por no decir más. Si me autorizaba a endosarle mi licencia a Dix, éste podía seguir intentando encontrar otros seis teporingos después de mi partida. Y yo estaba bastante seguro de que entre ellos tendría que haber algunos machos. Observé aliviado que el Dr. Morales comprendía mi punto de vista perfectamente. Inmediatamente accedió a endosarle mi licencia a Dix, cosa que le agradecí muchísimo.

Las veinticuatro horas siguientes fueron totalmente frenéticas. Había que construir jaulas especiales de viaje para los teporingos, y otra jaula especial para los loros, y ésta no sólo tendría que ser lo bastante ligera para el viaje en avión, sino además indestructible, pues los loros tenían unos picos grandísimos, con los que podían demoler en un cuarto de hora cualquier cosa de simple madera, y yo no tenía el más mínimo deseo de que escaparan en medio de un avión en vuelo sobre el Atlántico.

Llegó el día en que tenía que marcharse Shep con su preciosa carga, y fuimos a despedirlo al aeropuerto. Me prometió que obligaría a Catha a telefonearme dos días después de su llegada para informarme de cómo les iba a nuestras cuatro conejitas de los volcanes. Habíamos decidido que era más fácil comunicarnos con la Fundación por teléfono que por cable, porque los cables les llegaban a ellos y nos llegaban a nosotros tan confusos, que el destinatario se veía obligado a responder con otro cable para preguntar qué diablos significaba el primero. Cuando ya se habían enviado dos o tres cables para averiguarlo, resultaba infinitamente más barato telefonear.

Un par de días después me telefoneó Catha. Me dijo que las conejas de los volcanes, los loros y Shep habían llegado intactos. Las conejas ya se habían adaptado, igual que los loros, y no había ningún motivo de preocupación. Aquello era un gran alivio, pero ahora lo siguiente era que Dix nos consiguiera unos cuantos reporingos más, uno de los cuales tendría que ser macho. Le dije tantas veces lo que tenía que hacer que para él debe haber sido una lata. Le insistí mucho en que tenía que averiguar cuidadosamente el sexo de todos los conejos que llegaran a capturar, y que, si bien podía aceptar tres hembras más, a partir de ellas —si es que capturaban más hembras—, tenía que dejarlas en libertad y seguir intentándolo hasta conseguir un número de machos para llegar al máximo permitido en la licencia. Sabía lo que había de darles de comer y cómo cuidarlos y prepararlos para el viaje, de forma que ese aspecto no me preocupaba, y sabía que su amor innato por los animales y su sensibilidad harían que los cuidara bien. Tras amarrar todos los cabos sueltos, nos fuimos a Veracruz y embarcamos. Había sido un viaje fascinante, pero frustrante al mismo tiempo. Si Dix podía triunfar en su misión, y conseguirnos un teporingo macho, yo consideraba que la expedición sería un éxito, pero no podía hacer más que tocar madera y esperar que las cosas salieran lo mejor posible.

Cuando llegamos a Jersey, una de las primeras cosas que hice fue ir a ver inmediatamente a las teporingas para asegurarme de que estaban bien. Por Gill, la chica que se había estado encargando de ellas, supe que a los 19 días de la llegada la hembra mayor había parido dos gemelos y que durante un día pareció que todo iba bien. Después aparecieron las dos crías muertas en su jaula. Creo que eso debía atribuirse a falta de cuidados por parte de la madre. Después de todo, se la había capturado cuando estaba preñada, se la había transportado desde las alturas que habitaba a una ciudad muy contaminada, después por el aire a Jersey y a muy poca altura, y todavía no estaba acostumbrada a su nuevo entorno cuando se había encontrado con el problema de criar a dos gemelos. Desde nuestro punto de vista era una pena, pero no se le podía echar la culpa a la madre.

Pasaron semanas y seguíamos sin tener noticias de Dix. Yo seguía escribiéndole cartas de aliento y exhortándolo a que no se desanimara, que él no se molestaba en responder, y empezó a darme la sensación de que, después de trabajar tanto y tan incansablemente durante el viaje con nosotros, estaba desencantado con toda la idea de los conejos de los volcanes. Y entonces, una mañana, sonó el teléfono. ¿Estaba yo dispuesto a aceptar una llamada de México? No podía decirle a la telefonista lo ansiosamente que estaba esperando aquella llamada, de forma que me limité a decir: «Sí». Me habló Dix, y fue una de esas conferencias maravillosas en que la voz sonaba como si estuviera al lado, casi como si estuviera en la misma habitación que yo. Me dijo que por fin había logrado conseguir otros seis conejos, dos de los cuales eran machos, y que los había puesto en su casa y comían bien. Acababa de construirles las cajas para el viaje, y nos los iba a enviar en las próximas 24 horas. Me dio el número del vuelo desde México y todos los demás detalles. Yo estaba excitadísimo. Cuando sale uno de expedición nunca se tiene el éxito garantizado, pero hasta entonces, en todas mis expediciones, había tenido una suerte increíble. Y ahora parecía que la expedición mexicana tampoco iba a ser un fracaso. En cuanto colgó Dix me puse en contacto con el Aeropuerto de Londres. Hablé con todos los funcionarios que pude recordar sobre el tema de los conejos de los volcanes; insistí en lo raros que eran y la importancia de que los enviaran al Refugio de Animales si es que llegaban demasiado tarde para hacer el enlace con Jersey; telefoneé al Sr. Whittaker, del propio Refugio de Animales, que está a cargo de la Real Sociedad Protectora de Animales, le di la buena nueva y con ella detalles minuciosos de lo que había que hacer si es que tenían que pasar la noche allí. Ya no podía hacer más que quedarme sentado con un nerviosismo mal disimulado y esperar a que llegaran.

Habíamos calculado que su avión llegaría por la mañana, lo cual dejaba tiempo de sobra para que los embarcasen en otro avión rumbo a Jersey, y cuando amaneció el gran día esperé impaciente a que llegase alguna noticia. Dos horas después de la prevista para la llegada de su avión a Londres telefoneé a ver qué pasaba. Ninguno de los funcionarios del aeropuerto sabía nada de los conejos de los volcanes. Me puse en contacto con el Sr. Whittaker. No, no había recibido los conejos, aunque lo tenía todo preparado por si llegaban. Al mediodía volví a telefonear, y todo el mundo seguía sin saber nada de los conejos de los volcanes. Yo me estaba empezando a poner un tanto frenético y preguntándome si debía telefonear a Dix para ver si efectivamente había logrado meterlos en aquel vuelo. A las cuatro de la tarde volví a telefonear al Aeropuerto de Londres. Volvieron a decir que no tenían noticias de los conejos.

Me puse en contacto una vez más con el Sr. Whittaker y le dije que estaba preocupadísimo. Me dijo que nadie se había puesto en contacto con él para hablarle de animales en el aeropuerto, pero que iba a investigar y me devolvería la llamada. Por fin me dijo que había logrado encontrar a los conejos y que ya los tenía a su cuidado. Según parece, había habido alguna pequeña discrepancia en esos documentos que tanto necesitan los funcionarios subalternos, y habían dejado los conejos en un hangar desocupado, abandonados mientras continuaba la importantísima tarea de arreglarles los papeles. El Sr. Whittaker me aseguró que había ido a verlos y que, si bien era evidente que estaban asustados, todos ellos parecían gozar de buena salud. Ya era demasiado tarde para meterlos en un avión a Jersey aquel mismo día, de forma que tendría que quedarse con ellos por la noche y después metérnoslos en el avión de la mañana siguiente.

Cuando llegó la jaula al zoo quitamos la arpillera a tirones lo más suavmente que nos permitía nuestro nerviosismo y miramos dentro de ella. Había cinco conejos vivos, con un aspecto un tanto asombrado. El sexto había muerto. Los sacamos cuidadosamente y les miramos el sexo. Huelga decir que el muerto era un macho. De los cinco restantes, uno era macho y cuatro hembras. Si dijera que me sentí airado estaría pecando por defecto. Consideraba que aquella espera totalmente innecesaria en el Aeropuerto de Londres nos había privado de aquel macho. Pusimos a los recién llegados en jaulas separadas de las que ya teníamos para esperar a hacer todos los reconocimientos necesarios antes de presentar los unos a los otros.

Me paseé arriba y abajo de mi despacho y me pregunté cuál era la mejor forma de montarle un escándalo al Aeropuerto de Londres. De pronto se me ocurrió una idea. Sir Giles y Lady Guthrie eran socios de la Fundación, se interesaban mucho por nuestra labor y nos habían ayudado en muchas ocasiones. Sir Giles era el Presidente del Consejo de Administración de la BEA. Si él no podía echarles un broncazo, era que no había nadie que pudiese hacerlo. Tomé el teléfono y les llamé. Resultó que él estaba en Suiza, pero respondió Lady Guthrie. Le expliqué la historia de los conejos de los volcanes y que el único motivo por el que quería armar un número era que, si en lo futuro y por el motivo que fuese, nos tenían que enviar otros animales raros y fuese por lo que fuese tenían que pasar un tiempo en el aeropuerto de Londres, no quería que volviera a pasar lo mismo que ahora.

—Claro que no —dijo muy decidida—. ¡Qué horror! Me encargo del asunto yo misma. En cuanto vuelva Giles voy a hacer que se ocupe de eso.

Y eso fue lo que hizo exactamente. En el transcurso de la semana siguiente recibí cartas llenas de excusas abyectas de diversos funcionarios del aeropuerto de Londres, que lamentaban una vez tras otra la mala forma en que se había tratado a los conejos. Resultaban satisfactorias, en el sentido de que así supe que en adelante todo lo que se nos enviara encendería automáticamente una luz roja de advertencia en las mentes de aquellos funcionarios. Pero por muchas excusas que se me presentaran, nuestro teporingo macho no iba a resucitar.

Lo que hicimos ahora fue reconocer a las hembras a intervalos regulares, y cuando veíamos que estaban en celo, introducíamos al macho en la jaula durante unas horas y observábamos atentamente. Era necesario actuar así, porque, como ya he dicho, los teporingos eran muy pugnaces, y no queríamos correr el riesgo de que una de las hembras matara al último macho. Así estuvimos un tiempo y después, un día, nos encontramos con que una de las hembras se había construido en su dormitorio un bonito nido de paja, forrado con sus propios pelos. En él había dos crías. Naturalmente, aquello nos emocionó muchísimo. Fuimos observando la marcha de las crías día tras día, y a medida que iban creciendo se nos iban subiendo más ideas a la cabeza. Pero quizá nos pusimos demasiado orgullosos con nuestro éxito, pues, como suele ocurrir tantas veces en esas ocasiones, el destino nos asestó un par de golpes muy duros. El primero fue que una mañana, cuando iba Gill a verlos, se encontró con que, de forma inexplicable, una de las crías se las había arreglado para estrangularse con una rama de zarza, se la había enrollado al cuello y se había quedado prendida en la tela metálica. De modo que nos quedaba una cría hembra. Lo siguiente fue que se nos murió nuestro macho. La autopsia reveló que había muerto de occidiosis, que es una de las enfermedades de más difícil diagnóstico cuando se presenta. Inmediatamente administramos «Sulfametazina» a todas las conejas restantes, como medida preventiva para que no se les contagiara, pues todas ellas, en uno u otro momento, habían tenido que ver con el macho. Pero, pese a todo, perdimos a dos hembras de la misma enfermedad.

Ahora nos sentíamos como si hubiéramos vuelto al punto cero. Teníamos un montón de hembras y ningún macho. Pero para entonces acabábamos de preparar y publicar nuestra quinta Memoria Anual, en la cual se hacía un relato completo de nuestra expedición a México, junto con fotografías de la coneja con su cría. Envié ejemplares tanto al Dr. Corzo como al Dr. Morales, así como, naturalmente, a Dix Branch, y al mismo tiempo le escribí a Dix para preguntarle si estaría dispuesto a dedicarse él solo a la captura de conejos si yo lograba obtener permiso del Gobierno de México para conseguir unos cuantos conejos más. Respondió entusiasmado y dijo que haría todo lo posible por ayudar. Me senté a escribir al Dr. Morales a fin de explicarle nuestro problema. Le dije que, si bien teníamos un grupo de hembras que no podíamos convertir en grupo de reproducción porque no había ningún macho, por lo menos habíamos logrado demostrar una serie de cosas, y que por lo tanto nuestros esfuerzos no habían sido en vano. Por ejemplo, habíamos demostrado que el conejo de los volcanes podía sobrevivir cautivo, y además a una altura mucho menor que la acostumbrada para él, y que podía reproducirse en estado cautivo. También había averiguado varias cosas interesantes a su respecto desde el punto de vista patológico, entre ellas que el «tipo» especial de occidiosis —por así llamarlo— que padecía podía ser algo exclusivamente característico de este animal. Y habíamos determinado el período de gestación, que hasta entonces era algo dudoso. Como habíamos tenido más éxitos que fracasos, le preguntaba al Dr. Morales si no sería posible expedir a Dix Branch una licencia para que tratase de encontrarnos unos cuantos conejos de los volcanes más. Me alegré mucho cuando me envió la carta más amable para decirme que, en vista de nuestros éxitos, estaba perfectamente de acuerdo en dar a Dix Branch una licencia de captura de unos cuantos conejos más. Espero que lo logre en breve, y que esta vez tengamos más suerte y consigamos establecer en la colección de la Fundación una colonia de estos animalitos tan raros y atractivos.

10. Adelante los animales

Cuando el hombre sigue adelante con su destrucción de la naturaleza lo que hace es aserrar la rama en que está él mismo, pues la protección racional de la naturaleza es, al mismo tiempo, la protección de la humanidad.

EXTINCT AND VANISHING ANIMALS

En las estanterías que ocupan las paredes de mi despacho hay dos libros rojos, anchos y gruesos, que me contemplan constantemente. Son las dos primeras cosas que veo todas las mañanas y las últimas en que poso la vista cuando cierro la puerta del despacho por la noche. Sirven de recordatorio permanente. Son los libros rojos de datos que prepara la Unión Internacional para la Conservación de la Naturaleza. Uno se refiere a los mamíferos, el otro a las aves, y ambos enumeran los mamíferos y las aves del mundo de hoy que corren peligro de extinción, en la mayor parte de los casos debido directa o indirectamente a las injerencias de la humanidad. Todavía no se han editado más que estos dos volúmenes, pero se están preparando más, y cuando por fin salgan van a formar una fila muy deprimente, pues está en marcha uno sobre reptiles y anfibios, otro sobre peces, y otro más sobre árboles, plantas y arbustos.

Una vez me entrevistó un reportero de un periódico, no recuerdo cuál, que me preguntó:

—Dígame, Sr. Durrell, ¿cuántas especies de animales están verdaderamente en peligro?

Fui a la estantería, saqué los dos gruesos libros rojos y se los puse en el regazo.

—No estoy seguro —contesté—. No he tenido el valor de contarlos.

Se quedó mirando los dos volúmenes y después me miró a la cara con expresión de auténtico horror.

—¡Dios mío! —exclamó—. ¡No me diga usted que están en peligro *todos* estos!

—Y no es más que la mitad del total —le expliqué—. Esos libros no tratan más que de las aves y los mamíferos.

Aquello lo conmovió visiblemente, porque incluso hoy, la mayor parte de la gente no comprende hasta qué punto estamos destruyendo el mundo en que vivimos. Somos como un grupo de niños deficientes mentales a los que se haya dejado sueltos con venenos, sierras, hoces, escopetas y fusiles en un planeta verde y complejo que estamos convirtiendo, lenta pero seguramente, en un desierto pedregoso y estéril. Es muy posible que en las últimas semanas se hayan extinguido un mamífero, un ave, un reptil y una planta o un árbol. Espero que no, pero de lo que estoy seguro es de que, en todo caso, en ese mismo plazo, se ha llevado a un mamífero, un ave, un reptil, una planta o un árbol, mucho más cerca de la extinción.

El mundo es algo tan complicado como una tela de araña y, al igual que ocurre con una tela de araña, cuando se toca un hilo se transmite una serie de vibraciones por todos los demás hilos que forman la tela. Pero es que no estamos sencillamente tocando la tela, sino que la estamos desgarrando a tirones; estamos haciendo como una especie de guerra biológica contra el mundo que nos rodea. Talamos bosques sin que haga ninguna falta, con lo cual creamos cuencas áridas, con lo cual se modifica incluso el clima. Estamos llenando nuestros ríos con desechos industriales, y ahora estamos contaminando los mares y el aire.

Cuando empieza uno a hablar de la conservación de la naturaleza, la gente salta inmediatamente a la conclusión de que, como uno es tan amante de los animales, lo que significa es que a uno le importa conservar al oso koala, tan peludito, o algo parecido. Pero la conservación no significa eso en absoluto. La conservación significa mantener la vida del universo todo, sean árboles o plantas, sea incluso el propio hombre. Es de recordar que en los últimos siglos se ha exterminado con éxito total a varias tribus, y a otras se las está hostigando para extinguirlas, como ocurre con los indios de la Patagonia, los esquimales, etcétera. Con nuestra inconsciencia, nuestra codicia y nuestra estupidez en los próximos 50 años, o incluso antes, habremos creado una situación biológica en la que nos va a resultar difícil meramente sobrevivir en el mundo. Nos reproducimos como ratas, y de alguna forma habrá que poner fin a esta explosión demográfica. Todos los grupos religiosos, todos los grupos políticos, todos los gobiernos del mundo, tendrán que enfrentarse con la realidad, pues si persistimos en pasarla por alto, entonces, si nos reproducimos como ratas, también tendremos que morir igual que ellas.

Ahora bien, aunque a mí lo que más me interesa es la conservación de la fauna, tengo plena conciencia de que también se han de conservar los lugares en los que vive, pues igual se puede destruir a un animal mediante la destrucción de su medio ambiente que con un fusil, una trampa o un veneno. Cuando me preguntan, como ocurre a menudo, por qué me preocupa tanto esto, respondo que a mi juicio el motivo se debe a que he sido un hombre con mucha suerte, y a lo largo de toda mi vida el mundo me ha proporcionado enormes placeres. Me considero en deuda con él, y me gustaría tratar de hacer algo para pagar mi deuda. Cuando uno dice cosas así, la gente lo mira como avergonzada, como si hubiera dicho uno algo obsceno, pero por mí, ojalá que hubiese más gente que creyese tener una deuda con el mundo y estuviera preparada a hacer algo al respecto.

Entre las muchas cartas que me llegan todos los días, siempre hay algunas de gente que me pregunta por la conservación de la naturaleza. Preguntan si de verdad se trata de algo necesario. Bueno, como ya he explicado, creo que sí lo es; creo que es una de las cosas más necesarias en un mundo lleno de actividades innecesarias, y que los conservacionistas no estamos armando mucho ruido por nada. Después recibo cartas de gente que, según parece, jamás ha utilizado los ojos para contemplar el mundo que la rodea. Lo único que comprenden son los números, porque los números negros sobre el papel blanco les dicen algo. A la gente así le cito cifras. Y para ese fin, el continente norteamericano le brinda dos ejemplos muy aptos de lo despilfarrador que es el hombre.

Norteamérica, cuando la descubrieron los europeos, contenía dos especies de seres que formaban los mayores rebaños animales jamás conocidos por el hombre en la Tierra. Uno de ellos era el búfalo norteamericano. Empezaron matándolo para conseguir carne. Después continuó la matanza como acto político deliberado, para tratar de matar de hambre a los indios, pues el búfalo era una de las cosas sin las que no podían sobrevivir. El búfalo lo era todo para ellos; hasta la piel y los huesos tenían importancia en su vida. El tan aplaudido «Buffalo Bill» Cody mató una vez 250 búfalos en un solo día. Los pasajeros de los trenes que cruzaban la región de los búfalos tenían que cerrar las ventanillas para defenderse del hedor de los esqueletos en putrefacción, porque había llegado el momento en que se mataba a los búfalos meramente para cortarles la lengua, que se consideraba un bocado exquisito, y el resto de los cadáveres se dejaban donde caían. Por suerte, se salvó al búfalo justo a tiempo, pero incluso ahora no nos queda sino un resto diminuto de los millones de animales que solían atronar, magníficos, por las praderas de Norteamérica.

La segunda especie fue la paloma emigradora, que probablemente fuera la especie más numerosa de ave que jamás haya existido o vaya a existir en el mundo. Los cielos solían oscurecerse ante sus bandadas, que se calculaba llegaban a dos mil millones de pájaros. El peso de aquellas aves cuando se posaban en los árboles podía romper ramas muy grandes. Era imposible, pensaban todos, que jamás pudiera exterminarse a aquella paloma (tan deliciosa como alimento y tan abundante). De manera que la fueron matando y matando; mataban a los padres, robaban los huevos de los nidos, y también a los polluelos. En 1869, hubo un solo sitio en que se capturó a medio millón de estas aves. En 1879 se caputró a *mil millones* de ellas sólo en el estado de Míchigan. Eso porque era «imposible» exterminar a la paloma emigratoria. Era demasiado numerosa. Se reproducía demasiado bien.

La última paloma emigradora del mundo murió en el zoo de Cincinnati en 1914...

El hombre tiene la inteligencia suficiente para aniquilar a una especie, pero hasta ahora nunca ha encontrado la forma de recrear una de las especies que ha destruido. Pero no parece que eso le importe a la mayoría de la gente. Existen incluso supuestos conocedores de la zoología que afirman que se trata de un aspecto natural de la evolución, y que el animal se habría extinguido de todos los modos, con nuestra ayuda o sin ella. No puedo estar en desacuerdo más absoluto. El decir que es parte de la evolución natural es una tontería. Es saltarse el problema. Es como si alguien fuera el dueño de un banco de sangre y le dijera a una persona que llegara desangrándose: «Ah, sí, chico, tenemos montones de sangre, pero no te podemos hacer una transfusión porque lo natural es que te mueras ya».

—Ah —dice la gente—, pero eso es lo que pasaba en tiempos antiguos; ahora ya no pasan esas cosas. Ahora se tienen reservas y cosas así, donde los animales están a salvo. Esas cosas ya no se hacen.

A la gente que se cree eso no puedo por menos de citarle unas cuantas cifras más al día, para que vean las cosas con más claridad. Todos los años «cosechan» —así lo dicen ellos—, de 60 a 70.000 ballenas. Aunque los científicos han advertido que esta explotación hará que dentro de poco se extingan varias especies de ballena, y probablemente liquidará la industria ballenera de una vez para siempre, siguen con ello. Parece que el lema de la industria ballenera es: «Hoy nos hacemos ricos, y al diablo con el mañana».

Hay muchas formas diferentes de exterminar un animal, y no todas ellas se limitan simplemente a matarlo por su piel o su carne o porque se considera que son plagas. Las diversas especies de rinoceronte que había en Oriente se han visto perseguidas hasta el punto de que sus números han llegado a un nivel tan bajo que hoy día casi todas ellas están representadas por 200 ejemplares como máximo, y eso se debe a la creencia, totalmente estúpida, de que la ingestión del polvo de su cuerno actúa como afrodisíaco, y hace que los ancianos recuperen su virilidad y su atractivo para las muchachas, y ello en una de las muchas partes del mundo donde la superpoblación es tal que más valdría un anticonceptivo que un afrodisíaco. Tras exterminar prácticamente a todos los rinocerontes que había en La India, Sumatra y Java, ahora han traspasado su atención a Africa, y supongo que ahora éstos serán los siguientes de la lista que empiecen a descender por esa pendiente resbaladiza que lleva a la extinción.

Veamos el ejemplo de las focas del Pacífico. Cuando los esquimales las utilizaban únicamente como fuente de alimentos, empleaban los colmillos, enormes, para hacer unas tallas intrincadísimas y preciosas. Cuando la *intelligentsia* «descubrió» el arte esquimal, se puso de modísima, de forma que ahora se cazan las focas exclusivamente por los colmillos, y de hecho se practican tales matanzas que probablemente falta muy poco para que se extingan. Ya está en la lista de las especies en peligro.

Veamos otro ejemplo de lo inteligentemente que

piensan determinados sectores de la humanidad que no conocen para nada la naturaleza. En Africa se decidió que los animales que vivían sueltos eran los huéspedes del organismo que causa la enfermedad del sueño. Entonces se adoptó una decisión brillante: a fin de proteger al hombre y de mimar a su raquítico ganado (que se estaba comiendo —y sigue comiéndose— a toda velocidad la maleza del suelo, y convirtiendo zonas enormes en vastas cuencas áridas), se decidió matar a todos los animales silvestres. Se destruyó a medio millón de cebras, antílopes, gacelas y otros animales antes de descubrir que todos los animales menores podían ser también vectores de la enfermedad. Por lo tanto, el exterminio de aquella enorme cantidad de animales preciosos había sido totalmente inútil.

Todo el mundo se indigna porque en las carreteras de la Gran Bretaña mueren dos mil personas al año. Claro que es una tragedia, pero son pocos los que saben que en las carreteras mueren dos millones de pájaros silvestres, o que en una pequeña zona estudiada por un científico danés, el número de muertes en la carretera era el siguiente: liebres, 3.014; erizos, 5.377; ratas, 11.557; mamíferos pequeños diversos, 27.834; aves, 111.728; anfibios, 32.820. Claro que estas cifras se refieren sólo a las carreteras principales; si se incluyeran las correspondientes a las vías de acceso, probablemente se triplicarían. Pues bien, si se aniquilara a seres humanos en esas proporciones en cualquier país del mundo, habría tal clamor de protesta, tales lamentos, que el gobierno que estuviese en el poder se sentiría obligado a forzarnos a renunciar al automóvil como medio de locomoción y a volver al coche de caballos. No es que yo me oponga al automóvil *per se,* pero, ¿me explico?

Lo que no se comprende en general es que si se mira un mapa del mundo y se ven las zonas que han apartado para reservas animales, todas sumadas son como una cabeza de alfiler en el mapa; todo el resto es una gigantesca reserva para la humanidad. Y aunque se tengan reservas, hacen falta recursos suficientes para mantenerlas en funcionamiento. La mayor parte de los gobiernos titubean mucho antes de deshacerse de dinero para pagar por la conservación del hábitat o la fauna (salvo que se produzca una gran reacción del público, y dé la casualidad de que el animal en peligro sea especialmente atractivo), y hay muchos más que no disponen de los recursos necesarios.

No crean ustedes, ni por un momento, que estoy pintando un cuadro demasiado sombrío. Podría seguir citando estas estadísticas sobrecogedoras a lo largo de todo este libro, y no serviría sino para demostrar que, de todos los seres que han vivido jamás en la Tierra —trátese de los reptiles carnívoros gigantes de eras anteriores o de los animales de hoy—, el más rapaz, inconsciente y sangriento de los animales de presa es el hombre. Y, además, al comportarse así se está haciendo un daño irreparable a sí mismo. Es un suicidio, una forma extraordinaria de muerte romana, en la cual, al desangrar al mundo, se mata uno a sí mismo.

Es cierto, como he dicho antes, que hay parques y reservas de animales, pero, si se me permite citar del excelente libro al que me he referido al comienzo de este capítulo, «las normas estatales de protección no tienen sentido más que si se establecen recursos para que se puedan llevar a la práctica». Quizá podamos perdonar a nuestros antepasados por sus pecados si decimos: «No sabían lo que hacían», pero, ¿podemos nosotros —en esta era tecnológica de la que tan orgullosos estamos— por lo que estamos haciendo ahora mismo, y seguir haciéndolo frente a la oposición de toda la gente reflexiva, trátese de zoólogos profesionales, de ecologistas, conservacionistas o meramente seres humanos que piensan y son perceptivos? Ya hemos logrado aterrizar en la Luna, y eso es un logro notable. Pero, ¿hemos ido ahí en busca de unos cuantos minerales más, o ha de ser la Luna una enorme piedra blanca de paso a otros planetas, algunos de los cuales es muy posible que alberguen sus propias formas de vida? Si vamos a ir de planeta en planeta creando el mismo desastre que hemos creado en el nuestro, entonces creo que mejor convendría que las enormes sumas de dinero que se han gastado en proyectos espaciales se destinaran a tratar de curar algunos de los males que hemos infligido a la Tierra.

El problema de tratar de conservar la fauna silvestre y su hábitat (tanto por nosotros mismos como por quienes vengan después) es gigantesco y verdaderamente complicadísimo. Hay en el mundo muchos países que, como ya he dicho, no dan a los animales más que una «protección de papel», porque los gobiernos interesados están dispuestos a promulgar una ley para proteger a un animal determinado, pero no a votar créditos suficientes para que las reservas —esto es, *si* se crean —estén bien controladas y correctamente organizadas. En un país que visité una vez, pregunté qué reservas había, y el encargado de la conservación de la fauna desenrolló un enorme mapa mural que estaba cubierto de manchas verdes. Me explicó orgulloso que todo aquello eran reservas. Le pregunté así, de pasada, si las habían investigado zoólogos, o ecologistas, o biólogos, que pudieran decir si efectivamente eran las zonas más importantes que destinar a reservas. Ni hablar, dijo, no podían permitirse ese lujo. Entonces, ¿es que se habían realizado investigaciones en aquellas zonas, en aquellas grandes manchas verdes, para averiguar si efectivamente había animales en ellas y si eran lugares adecuados para reservas? No, dijo, tampoco eso lo habían hecho, porque no existían los recursos para dar empleo a la gente capacitada para ello... Pregunté si contaban con patrullas de algún tipo. No, dijo, no había dinero para emplear a guardas ni guardabosques... De manera que lo que quedaba era aquel mapa estupendo lleno de manchas verdes, que no significaba nada en absoluto.

Como digo, esto es algo muy frecuente en casi todos los países del mundo que tienen algún tipo de reglamentación sobre la conservación del hábitat y la fauna, y naturalmente, hay muchos más países que no tienen la más mínima reglamentación. Esto es algo que reconocen en general los partidarios de la conservación de la naturaleza, los cuales hacen todo lo posible por arreglar las cosas, pero se trata de un proceso muy lento. Mucho me temo que, antes de que lleguemos al día en que se dé plena aplicación a las leyes de conservación y protección, ya se habrán desvanecido para siempre de la faz de la tierra muchas especies.

En la mayor parte de los países cultos existe gran número de clubs, grupos de estudio y sociedades, sea de ornitólogos o de naturalistas generales, todos los cuales tratan desesperadamente de hacer todo lo posible por conservar su fauna local. A escala mayor, existen organizaciones como la Unión Internacional para la Conservación de la Naturaleza, el Fondo Mundial pro Fauna, etcétera. Celebro decir que en muchos casos han tenido éxito. Por ejemplo, en España han logrado salvar una zona enorme del Guadalquivir, con una extensión de unas 250.000 hectáreas. En Australia han redescubierto el pájaro achaparrado ruidoso, que se creía extinguido. Por desgracia, su zona de anidamiento resultaba estar en una zona en la que se había proyectado establecer una ciudad nueva de buen tamaño. Hace 15 años se habría considerado que eso era algo muy descortés por parte del pájaro, y no cabe duda de que de todos modos la ciudad se habría construido allí, pero como eso ocurrió hace poco, se rehicieron los planes de modo que se dejara en paz al pájaro achaparrado ruidoso para que tuviera su propia reserva. Esos son los aspectos positivos, pero los aspectos positivos son muy pocos, y los negativos muchos.

Ahora bien, por mucho que nos consagremos a conservar a los animales en estado silvestre, también podemos hacer otra cosa, y por eso precisamente pensé yo en mi Fundación. Son muchas las especies a las que se ha salvado de la desaparición al llevarlas a jardines o parques zoológicos y lograr que se reprodujeran en circunstancias controladas. Claro que ésta es una defensa a la desesperada, pero por lo menos impide que las especies queden totalmente aniquiladas y es de esperar que en algún momento del futuro las normas y los reglamentos sobre la protección de la naturaleza se apliquen estrictamente en todos los países, de tal modo que, gracias a la salvación de un núcleo de animales reproductores, sea posible volver a soltar a sus descendientes en su región de origen. La lista de animales a los que se ha salvado de esta forma es larga e impresionante. Por ejemplo, figuran en ellas los ciervos del Padre David, que se extinguieron en China durante la rebelión de los bóxers. Por suerte, el Duque de Bedford reunió todos los ciervos del Padre David que pudo encontrar en todos los jardines zoológicos de Europa y los dejó en libertad en su finca de Woburn, donde prosperaron y se reprodujeron. Hoy día, la manada ha alcanzado proporciones suficientes para enviar parejas de estos ciervos tan escasos a zoos de todas las partes del mundo, y últimamente incluso se los ha enviado de regreso a su lugar de origen, en China. Si los chinos logran que se reproduzcan, y no hay ningún motivo para que no lo logren, se les podría destinar una zona, una reserva, bien patrullada y dirigida, y volvería a haber ciervos del Padre David en su hábitat natural. Otro ejemplo es el ganso de Hawaii. Esta preciosa ave casi se había extinguido, pero gracias a la actitud sensata de las autoridades de Hawaii y a la previsión de Peter Scott, se la ha salvado de una desaparición que parecía segura. Existe toda una lista de animales a los que se ha salvado así, como el bisonte europeo, el búfalo norteamericano, el antílope de la saiga, el caballo silvestre de Przewalski, etcétera, pero todavía son muchos los que necesitan desesperadamente esa ayuda.

La Fundación creada por mí trata de desempeñar precisamente esa función. Comprendo que no se trata más que de una rueda en el complicado engranaje de la protección actual, pero esperamos que a su estilo resulte una rueda importante. No se ha creado únicamente para mantener a animales en cautividad. Yo la considero como una reserva —una especie de Arca de Noé inmóvil— en la que podamos seguir manteniendo y reproduciendo algunas de las especies que necesitan protección con más urgencia. Después, en algún momento del futuro, podremos reintroducirlas en sus puntos de origen. Por mí, ojalá se pudiera disolver la Fundación mañana porque ya no fuera necesaria. Pero, de momento, me temo que siga siendo muy necesaria, y me encantaría ver que surgían fundaciones parecidas por todo el mundo.

Como ya he explicado en este libro, ésta es la tarea a la que he consagrado mi vida, y en ella he invertido una cantidad considerable de mi propio dinero, por lo cual no me da ninguna vergüenza pedir a usted, el lector, que nos ayude si puede. Si ha leído usted el libro y le ha gustado; si cualquiera de mis libros le ha proporcionado momentos de placer, permítaseme señalar que jamás se habrían escrito de no haber sido por la fauna silvestre de todo el mundo. Y, sin embargo, en todo el mundo muchos de estos animales están en enorme peligro, y si no se les ayuda desaparecerán de la faz de la Tierra. Yo trato de hacer todo lo que puedo pero no lo puedo hacer sin la ayuda de ustedes, por lo que les pregunto: ¿querrían ustedes, por favor, hacerse miembros de la Fundación y tratar de que todos los amigos que sea posible —o incluso enemigos— se hicieran socios también? La suscripción no es cara, y pueden obtener toda la información necesaria si me escriben ustedes a la *Jersey Wildlife Preservation Trust,* Les Augres Manor, Trinity, Jersey, Channel Islands, Reino Unido.

Por último, permítaseme decir que si no quieren ustedes hacerse socios de mi Fundación, entonces les ruego que ingresen en alguna de esas organizaciones que están haciendo algo para tratar de poner freno a la violación del mundo. Hagan lo que puedan: molesten a su representante en el Congreso —o el equivalente que sea en su país—, hasta producirle una crisis nerviosa cuando crean ustedes que se va a producir una intrusión innecesaria y mal planeada en una zona valiosa del hábitat, o que hay un animal o una planta que corre peligro y que no recibe la protección suficiente. Escriban cartas indignadas. La única forma de que las fuerzas en presencia oigan sus voces es que ustedes las levanten. Conforme al principio de que si uno da gritos lo bastante fuertes y durante el tiempo suficiente, alguien tendrá que oírlos. Recuerden que los animales y las plantas no tienen a un diputado en el Congreso que pueda escucharlos; no pueden hacer sentadas, ni siquiera huelgas; no tienen a nadie que hable en su nombre, salvo nosotros, los seres humanos, que compartimos el mundo con ellos, pero no somos sus dueños.

APENDICE

Como viene siendo ya costumbre en esta serie de libros de Durrell, se incluye un breve glosario de animales mencionados en el texto y que consideramos poco conocidos. Obviamente, se exceptúan los que el propio autor describe detenidamente.

Alcatraz.— Ave marina de la familia *Sulidae* de cuerpo aerodinámico, alas largas y colas en forma de abanico. Para pescar se lanzan en picado y persiguen a los peces bajo el agua. Ponen sus huevos en las peñas. Existen en todas las latitudes y no tienen miedo al hombre, lo que está llevando a su desaparición.

Avetoro.— Ave zancuda migratoria, *Botaurus lentiginosus,* parecida a la garza, de color leonado, con pintas pardas, cabeza negra y alas con manchas transversales negruzcas. Suele habitar en zonas pantanosas.

Civeta (gato de algalia).— Mamífero carnívoro parecido al gato, de la subfamilia *Viverridae,* oriundo de Africa y Asia. Mide un metro de la cabeza a la cola.

Es de color gris oscuro con franjas transversales o manchas negras. Cerca de los genitales tiene una especie de bolsa doble donde segrega la algalia o civeto, por cuya sustancia se lo persigue.

Dodo.— Ave no voladora extinguida hacia el siglo XVII, del género *Raphus* (esp. *solitarius*), pariente de la paloma, pero del tamaño del pavo. Vivía en las islas de Mauricio, la Reunión y Rodríguez. Desapareció por la acción del hombre y de los animales introducidos por éste.

Gato cerval (o *clavo*).— Especie de gato de patas muy largas, oriundo de Africa, *Felis serval* o *Felis capensis*. De cabeza gruesa, tiene el pelaje gris o leonado y manchas negras abundantes que hacen anillo en la cola. Es muy feroz. En España quedan ejemplares en el Centro y en el Sur.

Focha (o *foja*).— Ave zancuda acuática del género *Fulica* (*Atra* en el Viejo Mundo). De unos 30 centímetros de largo, es nadadora, pero vuela mal. Tiene los dedos palmeados, pico grueso y plumaje negro con reflejos grises y una mancha blanca en la frente.

Frailecillo.— Ave marina del género *Fratercula*. El autor se refiere a la especie *arctica*. De color negro o gris oscuro con el pecho blanco, mide de 30 a 50 centímetros, con un pico triangular muy grande, de brillantes colores amarillo, azul y rojo. El traductor los ha visto en grandes colonias en Islandia, donde esos picos brillantísimos se destacan sobre el negror de la lava y la blancura de la nieve como explosiones de color en ese paisaje lunar. Viven desde el Polo Norte hasta Cuba.

Quetzal.— Ave trepadora de la América tropical. Mide 25 centímetros hasta la cola, y ésta puede medir hasta los 60 centímetros. Su nombre latino es *Pharomachrus mocinna*. Tiene un plumaje brillante verde tornasolado. Fue objeto de adoración de aztecas y mayas, que lo relacionaban con Quetzalcoatl. Es ave nacional de Guatemala y da el nombre a la moneda de ese país.

Indice

Notas